Herderbücherei

Band 669

W0245683

Über das Buch

Vor zehn Jahren wurde der „Prager Frühling" mit Gewalt unterdrückt. Bis heute ist die damalige Entwicklung in unserem Nachbarland aktuelles Thema der Zeitgeschichte. Die einen nehmen das als den Beweis für einen demokratischen Sozialismus und fühlen sich zur Erneuerung der marxistischen Bewegung ermutigt. Die andern folgern daraus, daß im Ostblock jede Änderung der Verhältnisse unmöglich sei.

Beides ist falsch, wie dieser Augenzeugenbericht aufgrund von konkreten Tatsachen beweist. Der Prager Frühling war eine spontane freiheitliche Bewegung der tschechoslowakischen Bevölkerung. Er hatte eine konkrete Chance, die durch Fehler der damaligen Reformer vereitelt wurde. Damit hat die marxistische Bewegung einen erneuten Beweis ihrer Unfähigkeit gegeben, sich innerlich wirklich zu erneuern.

In diesem Buch werden manche Tabus zerstört. Alexander Dubček wird nicht mehr als Held geschildert, sondern als ein Mensch, der ohne seine eigenen Verdienste zum Symbol des Prager Frühlings wurde und durch eigene Unfähigkeit zum Scheitern beigetragen hat. Eine schmerzliche Wahrheit, die mit unwahren Legenden aufräumt.

Über den Autor

Ludek Pachman wurde geboren am 11. Mai 1924, nach dem Abitur zuerst als technischer Beamter, später als Sekretär des Zentralen Gewerkschaftsrates tätig. Marxist seit 1943, Mitglied der kommunistischen Partei seit 1945. 1952 verließ er die politische Szene, arbeitete als Schach-Referent und Journalist. Spielte in vielen internationalen Schachtournieren. Beim 4. Schriftstellerkongreß in Prag (Juni 1967) und vor allem nach dem August 1968 engagierte er sich politisch für den „Prager Frühling". Im August 1969 wurde er verhaftet, nach dreimaligem Hungerstreik mit gebrochener Gesundheit im Dezember 1970 entlassen. Er kehrte in die katholische Kirche zurück, wurde im Januar 1972 wiederum verhaftet und am 5. Mai zu zwei Jahren Gefängnis verurteilt. Im Herbst wurde ihm die Ausreise erlaubt. 1973 erschien im Verlag Walter Rau, Düsseldorf, sein autobiographisches Buch „Jetzt kann ich sprechen". In der Herderbücherei erschienen: „Gott läßt sich nicht verbannen", Bd. 504; „Laßt die Hoffnung nicht sterben!", Bd. 549.

Ludek Pachman

Was in Prag
wirklich geschah

Illusionen und Tatsachen
aus der Ära Dubček

Herderbücherei

Originalausgabe
erstmals veröffentlicht als Herder-Taschenbuch

Aus dem Tschechischen übersetzt: Carmen Dragan

Umschlagfoto: dpa-Bilderdienst

Inhalt

Vorwort

In seinem Buch „Sternstunden der Menschheit" schildert Stefan Zweig dramatische historische Ereignisse, bei denen der Zufall – oft ein recht komischer und geringfügiger – über das Schicksal ganzer Völker entschieden hat.

Die Türken waren 1453 vor Konstantinopel eigentlich schon besiegt, alle ihre Angriffe schlugen fehl, ihre Vorräte gingen allmählich zur Neige, und die belagerte Stadt wartete sehnlichst auf die Hilfe des christlichen Abendlandes, die aus Venedig kommen sollte. Der Feind war schon im Begriff abzuziehen, als sich urplötzlich ein ungeschützter Felsspalt auftat – und diese Bagatelle hatte den Untergang des Römischen Reiches und die ein halbes Jahrtausend anhaltende Expansion des Islam auf dem Balkan zur Folge.

Oder die bekannte Episode von der Schlacht bei Waterloo. Blücher zog sich nach seiner Niederlage bei Ligny so schnell zurück, daß ihn Grouchy nicht einholen konnte. Beide hörten den Kanonendonner von Waterloo. Blücher hatte keinen anderen Befehl, also ging er dem Kanonendonner nach, während Grouchy unglücklicherweise so strenge Befehle erhalten hatte, daß er sich zu diesem Umweg nicht verleiten ließ – und so verlor Napoleon eine so gut wie gewonnene Schlacht.

Man könnte endlos lange über den Inhalt des Begriffes „Zufall" diskutieren – sowohl auf philosophischer als auch auf theologischer Ebene. Eine genaue Analyse würde wahrscheinlich zutage fördern, daß Konstantinopel ohne den ungeschützten Felsspalt nicht 1453, aber wenige Jahre später gefallen wäre, weil einige tausend Berittene in Ritterrüstung die türkische Expansion nicht für immer hätten aufhalten können. Und 1815 konnte das erschöpfte Frankreich wohl noch einige Schlachten, aber keinen Krieg mehr gewinnen.

Gehen wir jedoch von der alltäglichen Bedeutung des Wortes Zufall aus, stellen wir sehr einfach fest, daß der „Tschechoslowakische Frühling 1968" infolge einer wahrhaft unglaublichen Anhäufung von „Zufällen" entstanden ist.

In der tschechoslowakischen politischen Führungsspitze bildete sich eine nicht gerade homogene Koalition gegen den ersten Sekretär der Partei und Präsidenten der Republik, Antonin Novotný – übrigens, was die Machtmethoden anbelangt, den nicht gerade allerschlimmsten Repräsentanten der damaligen kommunistischen Führung.

Dieser Koalition gehörten führende slowakische Politiker an – nicht nur das künftige Symbol des Jahres 1968, Alexander Dubček, sondern auch einer der ungebildetsten Parteifalken (gemeint sind Falken), Vasil Bilak. Es gehörten Leute dazu, die sich jahrelang erfolglos bemüht hatten, die unumgänglich notwendige Teilreform des tschechoslowakischen Wirtschaftswesens durchzusetzen, die aber unweigerlich auf die verbissene Ablehnung des Parteiapparates gestoßen sind. Unter den Widersachern Novotnýs gabe es jedoch auch einige typische Dogmatiker – unvergleichlich schlimmere, als er einer war! –, die aus rein persönlichen und machtpolitischen Gründen mit ihm Streit hatten.

Die Pattsituation im Präsidium des ZK der KPTsch und die Kampf-Diskussion im Plenum entstanden einzig und allein deswegen, weil Novotný im damals entscheidenden Augenblick mit seinem treuergebenen Jünger, dem Dogmatiker J. Hendrych, zerstritten war.

Dies alles hätte den Sturz des ersten Sekretärs noch lange nicht herbeigeführt, hätte der in aller Eile nach Prag berufene Leonid Breschnew den Genossen den Befehl erteilt, sie mögen ihre Streitigkeiten beilegen und die Machthaber im Interesse der allgemeinen Ruhe ihre Macht ausüben lassen. Breschnew mochte aber Novotný auch nicht, er hatte noch zwei unbeglichene Rechnungen aus dem Jahre 1964 mit ihm. Damals hatte nämlich Novotný, der seine Machtergreifung Chruschtschew zu verdanken hatte, in einer unüblichen Anwandlung von Dankbarkeit, ja nahezu von Ehrgefühl, Zweifel geäußert, ob Nikita zu Recht gestürzt worden war oder nicht. Unerhört – innerhalb der Partei Dankbarkeit zu zeigen und Recht zu sprechen!

Im selben Jahr hatten die Sowjets die Absicht, ihre militärischen Einheiten in der Tschechoslowakei zu stationieren, selbstverständlich „im Interesse einer wirksameren Verteidigungsmöglichkeit gegen den westdeutschen Imperialismus". Da wird wohl wieder das bessere Ich in Novotnýs Wesen seinen Trotz hervorgerufen haben. Er hob die hervorragende Rüstung der tschechoslowakischen Armee hervor und beteuerte, gegen die deutschen Imperialisten würde die gut vorbereitete tschechische Armee in jedem Falle ausreichen.

Diese beiden Affronts hat Breschnew wohl niemals verdaut, und so erachtete er die Änderung innerhalb der Prager Führungsspitze im Herbst 1967 als begrüßenswert. Dubček hatte ihn schließlich noch nie beleidigt und darüber hinaus fünf Jahre lang politischen Unterricht in Moskau genossen.

So durfte also der Wechsel in der Spitzenposition erfolgen, und es wäre weiter nichts geschehen, hätte es im Lande selbst nicht eine explosive, durch die Revolte der Schriftsteller und Studenten herbeigeführte Lage gegeben. Auch dabei waren weitere Zufälle im Spiel. Im Juni 1967 hätte sich anläßlich des Schriftstellerkongresses nichts Umwälzendes ereignet, wäre nicht wenige Tage davor der Nahostkrieg ausgebrochen und hätte die unzivilisierte antisemitische Propaganda nicht jedermann entrüstet – sogar orthodoxe Kommunisten. Die Explosion wurde dann auf dem Kongreß selbst vom Dogmatiker Hendrych dadurch entfacht, daß er dieses heikle Thema für seine Kritik an den „gefährlichen antisozialistischen Stimmungen" ausgewählt hatte.

Ende Oktober 1967 gab es fast tagtäglich Schwierigkeiten mit der Stromversorgung des Studentenheims in Prag-Strahov. Die Studenten wurden wütend, und sie gingen auf die Straße. Die Polizisten benahmen sich derart grob, daß sich die zunächst völlig harmlose Demonstration sehr schnell radikalisierte, und in den Prager Straßen waren zum erstenmal nach 20 Jahren Rufe zu hören: „Nieder mit den Kommunisten!"

In dieser Lage war es wohl recht töricht von Breschnew, seine offene Rechnung mit dem Prager Statthalter begleichen zu wollen. In jeder Diktatur identifiziert man die Verhältnisse im Lande mit der Person des Diktators, er ist an allem schuld, selbst am schlechten Wetter. Die Beseitigung des verhaßten Parteichefs gab den Menschen Hoffnung und führte in der gespannten Lage gegen Ende 1967 zu unvorhergesehenen Folgen.

Im Lande entstand eine spontane Massenbewegung, die vollkommen gewaltlos, einzig und allein durch die heftige und elementare Verbreitung der Wahrheit über die kommunistische Diktatur diese derart ins Wanken brachte, daß sie nur durch die

Invasion der sowjetischen Panzer für einige Zeit wieder in den Sattel gehoben werden konnte.

Im Dezember 1967 ahnte noch kein Mensch, daß jener verworrene und infolgedessen berauschende und befreiende herrliche Frühling 1968 kommen würde.

Ein unwiederholbarer Zufall? Nein! Die Geschichte hat eine Fülle ähnlicher Überraschungen auf Lager, es gibt Gesetzmäßigkeiten und einen tieferen Sinn, den wir oft nicht zu verstehen vermögen.

Der Freiheitswunsch geht bei keinem Volk jemals verloren, weil er zur menschlichen Natur gehört. Und so werden die Diktatoren immer wieder Fehler begehen – aus verbissenem Haß meistens –, die den Völkern die Chance bieten, einmal einen neuen und niemals endenden Frühling zu erleben.

I.

Enttäuschung und Revolte

Wie ist es möglich, daß gerade in der Tschechoslowakei die Machtübernahme durch die Kommunisten nach dem zweiten Weltkrieg so glatt verlaufen ist, war doch die Tschechoslowakei zwischen den beiden Weltkriegen ein Land, das in Freiheit und Demokratie gelebt hatte?

Eine eingehende Analyse der Nachkriegslage in der Tschechoslowakei ist daher außerordentlich lehrreich, weil sie anschaulicher als irgendeine andere historische Erfahrung aufzeigt, wie eng die Verbindung zwischen dem totalitären Sozialismus und dem blind-destruktiven Nationalismus doch ist – eine Erfahrung übrigens, die gerade in den letzten Jahren an neuer Aktualität gewinnt: der Begriff des antideutschen Nationalismus ist eine starke ideologische Waffe in den Händen der vereinten europäischen Linken geworden.

Damals ging es in der Tschechoslowakei um einen uralten Nationalismus, der durch die brutale Nazi-Okkupation in eine Phase der blinden Vernichtungswut gesteigert wurde. Zahlreiche Menschen, insbesondere junge, aktive, suchten im Laufe dieser Okkupationszeit eine radikale Lösung unserer damaligen Situation, eine schlagkräftige Waffe für den Kampf gegen die faschistische Diktatur. Viele von uns glaubten daran, diese Waffe im Marxismus und in der kommunistischen Bewegung gefunden zu haben. Dieser irrige Glaube brachte damals einen großen Teil der jungen Generation und der intellektuellen Elite der Nation in die Reihen der kommunistischen Bewegung. Kommunismus bedeutete damals für uns den schnellsten Weg zur Freiheit. Erst nach zahlreichen bitteren Erfahrungen begannen wir zu begreifen, daß der Kommunismus und der Faschismus nur zwei verschiedene Formen, zwei verschiedene ideologische Begründungen für ein und denselben Mißbrauch der Macht, für dieselbe Unterdrückung und Entwürdigung des Menschen sind.

Der Kommunismus stellte damals für unsere törichte politische Unkenntnis die positive Alternative zur „deutschen Unterdrückung" dar – und dies war leider auch das offizielle politische Bekenntnis der demokratischen tschechoslowakischen Vertretung mit Präsident E. Beneš und der Exilregierung in London, wodurch diese falsche Vorstellung in den breiten Massen der tschechischen und slowakischen Bevölkerung an Nährboden gewann. Beneš schätzte die gesamte Nachkriegslage völlig falsch ein, er hielt den deutschen Imperialismus für die einzige reelle Gefahr, die der Nachkriegstschechoslowakei drohe, und suchte im Herbst 1943 den starken Verbündeten gegen diese angebliche Zukunftsgefahr in Moskau. Er schloß aus eigenem, freiem Willen einen Pakt mit dem Massenmörder J. W. Stalin und überzeugte Millionen seiner Landsleute in der Tschechoslowakei, daß der Kommunismus für uns keine Gefahr, sondern Hoffnung darstelle. Die Konzeption Beneš während des zweiten Weltkrieges war eigentlich das Vorbild für die gegenwärtige illusionistische Politik der „Entspannung". Gerade diese politische Richtung bot schon damals der Sowjetunion und der Kommunistischen Partei einseitige Vorteile für den künftigen Kampf um die Beherrschung der Tschechoslowakei und anderer europäischer Länder.

So wurde nach dem Krieg die Wiedererstehung der politischen Parteien, die vor dem Krieg konsequent gegen die kommunistische Bewegung orientiert waren, nicht bewilligt: die Agrarierpartei, die Nationaldemokratische Partei und die Partei der Gewerbetreibenden, allesamt politische Parteien, deren demokratischer Charakter in keiner Weise angezweifelt werden konnte, wurden ungerechterweise der Kollaboration beschuldigt und kurzerhand verboten. Durch diese administrative Maßnahme – nicht umsonst erzwang die Kommunistische Partei für sich das Ressort des Innenministeriums – war in der neuen „Nationalen Front" das Übergewicht des sogenannten „sozialistischen Blocks" gesichert, in dem die entscheidenden Kräfte der Sozialdemokratie eindeutig nach der veralteten Konzeption der „Volksfront" orientiert waren und die radikalen Sozialisierungsmaßnahmen der KPTsch unterstützten.

Außer dieser – voreiligen und überflüssigen – Kapitulation der demokratischen Kräfte finden wir jedoch eine weitere Ursache für die ungewöhnliche Stärke der kommunistischen Bewegung nach 1945: die Kommunistische Partei unterbreitete dem Volk ein Programm, das wir heutzutage nach einem genauen Vergleich augenblicklich als „eurokommunistisch" bezeichnen müßten.

In diesem Programm wurde die „Volksdemokratie" als „neuer demokratischer Weg zum Sozialismus" bezeichnet, der „nicht identisch ist mit der Diktatur des Proletariats". In jenem denkwürdigen Programm war die Rede davon, daß der „politische Pluralismus" auch im Sozialismus „ein allgemeingültiges Prinzip" darstelle.

In der Tschechoslowakei wie im gesamten Osteuropa wurde die Konzeption „des eigenständigen Wegs zum Sozialismus" verkündet – was im Prinzip mit dem übereinstimmt, was die Kommunisten in Italien, Frankreich oder Spanien heute als ihre angeblich neue und revolutionäre Entdeckung ausgeben.

„Ich wiederhole, Genossen, daß dies ein neuer, spezifisch tschechoslowakischer Weg zum Sozialismus ist", predigte Klement Gottwald, ein treuer Lakai J. W. Stalins, auf zahllosen Massenkundgebungen, und wir schenkten damals diesem Programm unseren Glauben, obwohl es sich in nichts von jenem „neuen Phänomen in der Geschichte des internationalen Kommunismus", wie der „Eurokommunismus" auch von vertrauensseligen Sozialisten und Sozialdemokraten in den westlichen Ländern genannt wird, unterscheidet.

Die Theorie des „eigenständigen Weges zum Sozialismus", der die Diktatur des Proletariats ablehnte und die Methode einer „Volksdemokratie" für die qualitativ neue Form des Übergangs zum Sozialismus ausgab, galt in ganz Osteuropa offiziell nur bis zur endgültigen Machtübernahme in allen Satellitenländern. Im Oktober 1948 wurde diese Theorie offiziell widerrufen und für falsch, ja revisionistisch erklärt. Das ideologische Hauptziel, das mit den Schauprozessen gegen die kommunistischen Funktionäre in den Jahren 1949 bis 1952 verfolgt wurde, war, zu beweisen, daß diese Theorie von Verrätern und bezahlten imperialistischen Agenten in die Reihen der kommunistischen Bewegung hineingetragen worden war.

Es war aber just jene „eurokommunistische Konzeption", die sowohl in der Tschechoslowakei als auch in den anderen osteuropäischen Ländern die entscheidende Rolle im Machtkampf gespielt hatte. Im Mai 1946 erlangte die KPTsch in relativ freien Wahlen – jene Relativität ist mit dem bereits erwähnten Verbot eindeutig antikommunistischer Parteien begründet! – im ganzen Land 38% aller Stimmen, in Böhmen und Mähren sogar 42%, nur die Slowakei wählte damals antikommunistisch! Dies war die absolut höchste Unterstützung durch die Wähler, die die kommunistische Bewegung irgendwo auf der Welt jemals erreicht hat.

Die endgültige Machtübernahme durch die Kommunistische Partei im Februar 1948 ist ein außerordentlich lehrreiches Beispiel für die Anwendung der Taktik, die gegenwärtig von den zahlenmäßig starken kommunistischen Parteien in den westlichen Ländern angewendet wird. In mancher Hinsicht war die damalige Situation in der Tschechoslowakei mit Rücksicht auf osteuropäische Verhältnisse außerordentlich und eher mit der Lage im Westen vergleichbar: in der Tschechoslowakei gab es keinen einzigen sowjetischen Soldaten, die amerikanische Armee war genauso weit von Prag entfernt wie die sowjetische. In Prag gab es ein frei gewähltes Parlament mit einer zwar starken kommunistischen Fraktion, aber ohne kommunistische Mehrheit, der Präsident der Republik – gleichzeitig Oberbefehlshaber der Streitkräfte – schien ein sicherer Garant für die Verfassung zu sein. Und dennoch gelang es der Kommunistischen Partei, während einer künstlich hervorgerufenen Regierungskrise in wenigen Tagen und praktisch ohne offenkundige Gewalt die gesamte Macht an sich zu reißen.

Einige der damals gemachten Erfahrungen sind auch heute noch ungewöhnlich aktuell. Das entscheidende Zünglein an der Waage war damals die Sozialdemokratie. Während der Regierungskrise hatte sie allerdings die einheitliche Front der übrigen demokratischen Parteien leider verlassen und dadurch der KPTsch eine Art fiktive Mehrheit in der Regierung und im Parlament geboten. Drei Monate später hörte die Sozialdemokratie bereits auf zu existieren, und ein Jahr später fanden die ersten politischen Prozesse auch gegen die Sozialdemokraten statt. Haben die Sozialisten in Frankreich, Italien und anderswo diese historischen Erfahrungen etwa vergessen?

Ein weiterer wichtiger Faktor für den Erfolg der KPTsch in diesem Machtkampf stellte die Beherrschung der großen Massenorganisationen dar – in erster Linie die der Gewerkschaften – und die Sicherung der Machtpositionen im Staatsapparat. Die Zustimmung des Präsidenten Beneš 1945, einen Kommunisten zum Innenminister zu machen, war ein schicksalhafter Fehler, der unweigerlich zur Vernichtung der Demokratie führen mußte. Die zweite Schlüsselposition, deren sich die KPTsch

– teils durch Betrug, teils durch die sträfliche Vertrauensseligkeit der Demokraten – bemächtigte, war die Armee. Diese wurde durch den angeblichen „parteilosen Fachmann" Ludvík Svoboda geführt, der im Krieg den tschechoslowakischen Armeeverband in der UdSSR befehligt hatte. Während der Tagung des ZK der KPTsch am 24. September 1969 hat Svoboda allerdings selbst sehr naiv jenen Betrug aus dem Jahre 1945 preisgegeben: „Im April 1945 wurde ich erneut nach Moskau beordert, wo die Regierung zusammengestellt wurde. Ich wurde zum Regierungsmitglied bestellt, zum Verteidigungsminister. Ich habe Gottwald daraufhin angesprochen: ,Nun, Klemma, was steht jetzt noch im Wege, daß ihr mich in die Partei aufnehmt?' Klemma ... hat mir dann klargemacht, welchen Einfluß es auf die vereinbarte Parität haben würde – nähme man mich in die Partei auf, würde die Partei bei einer Kampfabstimmung zwei Stimmen verlieren ...

Ich war ein treues und diszipliniertes Parteimitglied. Als dann der Februar 1948 kam, war ich bereits in der Lage, der Partei mehr zu helfen als mit einem Bataillon oder einer Brigade und zuletzt mit einer ganzen Armee-Einheit. Da verfügte ich bereits über die gesamte neue tschechoslowakische Armee."

Typische Worte für einen Menschen, der den Verrat an seinem Oberbefehlshaber mit unverhohlenem Enthusiasmus für einen der Partei erwiesenen „Dienst" ausgab, gleichzeitig aber ein weiterer Beweis für die ohnmächtige Leichtfertigkeit und Vertrauensseligkeit der Demokraten!

Der Februar 1948 war in erster Linie eine Folge des Versagens von Beneš und des Scheiterns seiner gesamten von blindwütigem Nationalismus beeinflußten politischen Konzeption*.

Die Folgen der totalitären Machtergreifung – jener sozialistischen Revolution – waren in der Tschechoslowakei katastrophal. Der Umsturz wurde ohne direkte sowjetische Mitwirkung verwirklicht – nur durch innere politische Kräfte –, und dennoch ist nichts von jenem „fortschrittlichen Programm" übriggeblieben. Eine brutale Diktatur des Proletariats setzte ein. Am Anfang der kommunistischen Regierung wurden 176 unschuldige, später rehabilitierte Menschen hingerichtet, Hunderte in den Gefängnissen ermordet und bis Ende 1954 ungefähr 60 000 Menschen

---

* Ein eingehenderes Studium der kommunistischen Machtergreifung ermöglicht eine Anzahl einschlägiger Werke, ich empfehle insbesondere R. Ströbinger, Anatomie eines Staatsstreichs (Edition Interfrom, Zürich 1977).

aus politischen Gründen zu langjährigen Kerkerstrafen verurteilt.

Trotz der bereits erwähnten demokratischen Tradition war der Charakter der totalitären Diktatur in der Tschechoslowakei weitaus erschütternder als in anderen Satellitenländern. Die auf intellektuellem Gebiet herbeigeführte Zerstörung war so tiefgreifend, daß selbst Chruschtschews Auftritt auf dem XX. Parteitag der KPUdSSR, nämlich sein taktisch bedingter Kampf gegen den „Personenkult", in der Tschechoslowakei ein unvergleichlich schwächeres Echo hervorrief als in Polen und Ungarn. Erst Anfang der sechziger Jahre schien das ganze Land sehr langsam aus dem langen Alptraum zu erwachen. Die ersten Frühlingsboten tauchten auf dem Gebiet der Künste auf. Den weitaus größten Widerhall erfuhr im Ausland die „neue Welle des tschechoslowakischen Films". Junge Filmemacher – die zwei bekanntesten, Milos Forman und Vojtech Jasny, leben jetzt im Exil – wagten es, wenn auch in verschlüsselter Form, Fragen zu stellen, die als strenge Tabus galten, unter anderem die Frage, ob der Sozialismus auch tatsächlich den noch nie dagewesenen Fortschritt und das Entstehen eines idealen Menschen zu bringen vermag. Ihre Filme – heute vorwiegend verboten – erlangten zahllose Preise, und die bornierten politischen Bürokraten merkten deren mobilisierenden Sinn nicht rechtzeitig.

Ebenso unterschieden sich allmählich die literarischen Werke der Schriftsteller – heute in Kanada lebend – Ludvík Vaculík, Ivan Klima, Milan Kundera und die Stücke von Vaclav Havel in markanter Weise vom Schema des sozialistischen Realismus. Die zutreffendste Definition lautet: Der sozialistische Realismus ist eine Richtung, in deren Rahmen die Künstler die führenden Politiker in so einfacher Form lobend hervorheben, daß es sogar diese Politiker begreifen. Er galt bis dahin als obligatorische Faffensform. Zwei Periodika, beide herausgegeben vom Schriftstellerverband, und zwar *Literární noviny* und *Kulturný život* (Literarische Zeitung, Kulturleben) in Preßburg begannen, in vorsichtig verschlüsselter Weise die Aufgabe einer Art geistiger und moralischer Opposition dem Regime gegenüber zu erfüllen, und wurden dadurch praktisch über Nacht die meistgelesenen Zeitschriften in der Tschechoslowakei.

Von außerordentlicher Bedeutung innerhalb der entstehenden intellektuellen Revolte waren Bestrebungen, sich gegenüber dem Westen zu öffnen. Auf strikteste Ablehnung hierbei stießen alle diesbezüglichen Versuche beim Machtzentrum, wenn es um eine Annäherung zur Bundesrepublik Deutschland ging. Die Prager Ideologen bemühten sich (und tun es heute noch), die letzten Reste des antideutschen Nationalismus auszunutzen. „Ein revanchistischer neonazistischer Staat" – eine derartige Charakterisierung des nächsten Nachbarn im Westen sollte engere Kontakte verhindern und eine ausreichende „Begründung" für sämtliche repressiven Maßnahmen des Regimes bieten. Wir werden sehen, daß diese Konzeption eine bedeutungsvolle Rolle auch in der Zeit des Prager Frühlings spielte.

Nur vereinzelt durften Werke deutscher Autoren erscheinen, und zwar nur solche, die eine übertriebene Kritik an den in ihrem Lande herrschenden Verhältnisse zum Inhalt hatten, also Werke solcher Autoren, die sich als „soziale Apostel" aufspielten.

Völlig unmöglich war es, Kontakte zu offiziellen Vertretern der Bundesrepublik Deutschland zu knüpfen. Es ist nahezu unglaublich, daß erst 1966 und 1967 in der tschechoslowakischen Presse die ersten zwei Interviews mit offiziellen Persönlichkeiten unseres westlichen Nachbarn veröffentlicht wurden. Beide Interviews habe ich ausgeführt, und zwar in der unbedeutenden (demnach wenig verdächtigen) Funktion eines Sportjournalisten im Zusammenhang mit der Vorbereitung der Olympischen Spiele in München. Mein erster Gesprächspartner war der damalige Münchener Oberbürgermeister, heute Bundesminister H.-J. Vogel. Der zweite war der Vorsitzende des Deutschen Olympischen Komitees, Willi Daume. Die Veröffentlichung dieser beiden Gespräche erfolgte erst nach einem harten Kampf mit der Zensurstelle, mit der ideologischen Abteilung des ZK, mit dem Außenministerium und sogar mit den ostdeutschen Ideologen. Ohne die DDR zu „konsultieren", durfte in Prag auch nicht der kleinste Schritt in Richtung Kontakte mit der Bundesrepublik unternommen werden.

Die Parteiführung befaßte sich Mitte der sechziger Jahre zu wiederholten Malen mit der Analyse der „gefährlichen prowestlichen Tendenzen", insbesondere unter den Jugendlichen. In erster Linie waren es die jungen Leute, die einen Weg suchten, um die jahrzehntelange Isolation vom Westen zu durchbrechen. Die Methoden waren nicht selten recht umstritten: langes Haar, die Jeansmode – noch heute für viele Studenten und junge Leute schlechthin eine der Formen von politischem Protest.

In den Tagen des 1. und 2. Mai kam es in Prag im Rahmen der

studentischen „Majales" zu stürmischen Demonstrationen. Zum erstenmal nach langer Zeit wurden rote Fahnen niedergerissen, Rufe „Hoch lebe Amerika" wurden laut. Hunderte junger Demonstranten wurden verhört, und 34 wurden schließlich zu Freiheitsstrafen verurteilt.

Nur zwei Monate später brachen ähnliche Unruhen in Reichenberg aus. Während und besonders nach dem Konzert des amerikanischen Sängers Johny Hollyday bekundeten Tausende junger Leute ihre Sympathien zum Westen und entfachten eine Straßenschlacht gegen die herbeigerufene Polizei. Auch hierbei gab es Verhaftungen und Prozesse, und die ideologische Abteilung des ZK warnte vor „gefährlichen Einflüssen der westlichen Ideologie".

Im Frühling 1967 gab es Unstimmigkeiten wegen der Besetzung der Redaktion der *Literární noviny*. Der Chefredakteur, Milan Jungmann, wurde in seiner Funktion nicht bestätigt, und die Schriftsteller Vaculík und Liehm mußten die Redaktion verlassen (in kreativen Urlaub geschickt). Das war der erste Grund für die rapide Verschlechterung der Beziehungen zwischen den Schriftstellern und dem Regime. Der zweite Grund ist in der Außenpolitik zu suchen. Im Nahen Osten durchbrach Israel innerhalb von sechs Tagen den Ring der arabischen Armeen, wodurch es die „Endlösung der Judenfrage" verhindern konnte. Dies rief aber die gröbste Schimpfkanonade der kommunistischen Propaganda im gesamten Osteuropa hervor, mit Ausnahme von Rumänien. Es handelte sich hierbei um eine so widerliche und J. Goebbels so lebhaft ins Gedächtnis zurückrufende Propaganda, daß sie selbst die orthodoxen, auf ihre Ehre noch bedachten Kommunisten nicht so ohne weiteres schlucken konnten. In der Tschechoslowakei kam es auch aus anderen Gründen zu Protesten: ein kleines Land, umringt vom vielfach überlegenen Feind, das war eine viel zu eindeutige Parallele zur eigenen Geschichte.

Die *Literární noviny* beabsichtigten kurz nach dem Sechstagekrieg, objektive Reportagen zu veröffentlichen, allerdings ohne politische Einschätzung, aber von Leuten verfaßt, die kurz vor dem Konflikt die Länder der Kontrahenten besucht hatten, Israel auf der einen und Ägypten und Syrien auf der anderen Seite. Die Zensur vereitelte die Veröffentlichung selbstverständlich, und die ideologische Abteilung des ZK beabsichtigte, Maßnahmen gegen diese „zionistische Verschwörung" zu ergreifen. Dies schien mir denn doch das erlaubte Maß zu überschreiten, und so habe ich – obwohl damals noch keinesfalls als Gegner des gesamten Regimes – einen sehr scharfen Brief an das ZK der KPTsch geschickt, in dem ich unsere gesamte Außenpolitik von ihren politischen und auch moralischen Positionen aus kritisiert habe. Mein Brief wurde von den beiden Schriftstellern Arnost Lustig (lebt heute in den USA) und Jan Prochazka (gestorben 1971) mit unterzeichnet.

Vier Tage später begann in Prag der IV. Schriftstellerkongreß. Zunächst tagte die „Parteigruppe", was bedeutete, daß sich die meisten Schriftsteller als Mitglieder des Schriftstellerverbandes versammelten, da sie gleichzeitig Mitglieder der KPTsch waren, um über alle schwerwiegenden Fragen „zu beraten": Der Beschluß dieser Parteigruppe hatte begreiflicherweise keinerlei Durchsetzungsschwierigkeiten während des Kongresses.

Zur Tagung erschien eine Abordnung des ZK unter der Leitung von J. Hendrych, der nach Novotný das wohl mächtigste Mitglied des Politbüros von Prag war. Und an jenem 26. Juni 1967 beging J. Hendrych den ersten schicksalsschweren Fehler in seiner vielversprechenden politischen Karriere: er hielt die Lage für reif für einen Frontalangriff gegen die oppositionellen Tendenzen der Kulturfront, und als sein Hauptthema hatte er für diese offene Konfrontation gerade jenes berüchtigte Thema von der „zionistischen Gefahr" gewählt. Er verurteilte in schärfster Weise alle, die jemals die alleinige Schuld Israels angezweifelt hatten. Meinen Brief bezeichnete er beispielsweise als „typisches Beispiel für gefährliches Gedankengut, das sich unter den Schriftstellern zu verbreiten beginnt".

Hendrychs unerwarteter Angriff radikalisierte den gesamten Schriftstellerkongreß. Hätte es ihn und seine Fehleinschätzung nicht gegeben, wäre der Kongreß höchstwahrscheinlich völlig ruhig unter der üblichen Regie verlaufen. Die meisten damaligen Mitglieder der Verbandsführung – insbesondere der Verbandsvorsitzende E. Goldstücker – wünschten keinen Konflikt, und es wurde verzweifelt versucht, noch im Laufe des Kongresses jegliche Konflikte zu verhindern.

Nach Hendrychs Rede war aber für viele der Weg zu einem erneuten stillschweigenden Kompromiß versperrt. Die Schriftsteller meldeten sich nun einer nach dem anderen zu Wort und alle lehnten die Verurteilung Israels entschieden ab, dazu auch die totalitären Machtmethoden in der Tschechoslowakei. Die

Fragen der Zensur und die kreative künstlerische Freiheit traten plötzlich in den Vordergrund.

Die elektrisierende Atmosphäre weckte selbst bei besonnenen, nicht aggressiven Menschen stürmische Emotionen. Alexander Kliment eröffnete sein Referat mit der Widerlegung einer der wichtigen Thesen der marxistischen Philosophie: „Meine Damen und Herren, ich verstehe viele Dinge, nicht aber, daß die Freiheit, insbesondere das, was für unser Leben notwendig, unvermeidlich und lebenswichtig ist, nur als Gnade gewährt wird – mit Ausnahme eines natürlichen Todes." Er sprach über die geistige und moralische Krise und beendete seine Rede mit einer offenkundigen Rebellion: „Es ist befremdend, daß wir manche die Literatur direkt betreffende Dinge erst aus *Le Monde* oder aus den Sendungen des Westdeutschen Rundfunks erfahren. Ich denke dabei an den Brief von A. I. Solschenizyn an den IV. Kongreß des sowjetischen Schriftstellerverbandes. Ich schlage vor, daß unser Kongreß diesen Brief kennenlernt, und da ich den Inhalt des Briefes bereits kenne, bekunde ich hiermit meine Solidarität mit dem obengenannten Schriftsteller."

Ein unerhörter Vorschlag – es war hinreichend bekannt, daß Solschenizyns Brief vor dem Moskauer Kongreß nicht gelesen werden durfte und daß er als verräterisch und konterrevolutionär bezeichnet wurde! Über Kliments Vorschlag wurde abgestimmt, und von den 376 anwesenden Schriftstellern hat nur einer dagegen gestimmt und einer enthielt sich der Stimme. Pavel Kohout hat Solschenizyns Brief vorgelesen, und am Tisch des Präsidiums erhob sich J. Hendrych, packte seine Mappe und verließ mit den Worten „Ihr habt alles verspielt" den Kongreß. Es ist etwas geschehen, was eigentlich unmöglich sein mußte: Die Delegation der allmächtigen Partei hatte das Feld geräumt. Es war aber noch nicht alles entschieden. Prominente Vertreter des Schriftstellerverbandes wollten den Konflikt mit der Partei um jeden Preis verhindern. Der Verbandspräsident Eduard Goldstücker (der sich heute in seinem Londoner Exil für die führende Persönlichkeit der ganzen Schriftstellerrevolte ausgibt) schlug vor, Solschenizyns Brief als „interne Information" zu betrachten, ihn aus dem Protokoll zu tilgen, und er lehnte gleichzeitig eine Intervention zugunsten des inhaftierten Schriftstellers J. Beneš ab. Hinter den Kulissen bereitete er mit einigen anderen Änderungen in der ursprünglich vorgeschlagenen Kandidatenliste vor. Einige Dogmatiker meldeten sich zu Wort, und der Dichter Ivan Skála verurteilte „unbesonnene Standpunkte, die in mancher Hinsicht mit der Politik der Kommunistischen Partei und mit dem Staat auseinandergehen"!

Wir haben es einer Handvoll Tapferen zu verdanken, daß die Lawine nicht mehr aufzuhalten war: Nach Liehm, Klima, Skvorecky und Havel ergriff als letzter Redner Ludvík Vaculík das Wort. Er begann mit einer geistreichen Analyse des Begriffes und des Wertes der Demokratie und faßte seine Analyse mit folgenden Worten zusammen:

„Es ist dies eine humane Erfindung, die eigentlich das Regieren erschwert. Demokratie steht auf seiten der Beherrschten, aber sie schützt auch die Regierung, falls sie gestürzt wird, vor einer Hinrichtung. Das Aufrechterhalten eines formalen Systems, das die Demokratie nun einmal ist, bringt keine sehr gefestigten Regierungen mit sich, sondern lediglich die Überzeugung, daß die nächste Regierung besser sein könnte. Eine Regierung wird also gestürzt, der Bürger ist geläutert. Da aber, wo sich eine Regierung zu lange hält, stürzt der Bürger. Wohin eigentlich? Ich will den Feinden keinen Gefallen tun und sagen, daß er auf das Schafott stürzt. Das tun nur einige hundert Bürger. Aber auch Freunde wissen wohl, daß dies ausreicht, weil dann der Sturz einer ganzen Nation in die Angst folgen kann, in die politische Lethargie, in die Abhängigkeit von immer kleineren Herren, es ist kurz gesagt, ein Sturz ins Untertanentum eines neuen, noch nie dagewesenen Typs …"

Er sprach über die „Dynamisierung der Macht", und er führte seine vernichtende Kritik am ganzen System mit dem später so oft zitierten Satz zu ihrem Höhepunkt:

„Man muß sehen, daß in den letzten zwanzig Jahren bei uns keine einzige menschliche Frage gelöst wurde, angefangen bei den primären Bedürfnissen, wie Wohnungen, Schulen, eine funktionierende Wirtschaft, bis zu den delikateren Bedürfnissen, die undemokratische Systeme in der Welt gar nicht zu befriedigen in der Lage sind, wie das volle Geltungsgefühl in der Gesellschaft, das Unterordnen der politischen Entscheidungen unter die Kriterien der Ethik, den Glauben in den Sinn der untergeordnetsten Arbeit, das Bedürfnis des Vertrauens zwischen den Menschen, ein höheres Bildungsniveau der gesamten Bevölkerungsmassen."

Die Reaktion des Regimes auf diesen Kongreß ließ nicht lange auf sich warten. Für den September 1967 wurde das ZK der

KPTsch einberufen, um sich mit „dringenden Problemen der Kulturfront" auseinanderzusetzen. Die Lösung war typisch: Die Schriftsteller Ivan Klima, A. J. Liehm und Ludvík Vaculík wurden aus der Partei ausgeschlossen, Pavel Kohout wurde eine „Rüge mit Warnung" ausgesprochen, ein Parteiverfahren wurde mit dem Dichter Milan Kundera eingeleitet, Jan Prochazka wurde die Funktion im ZK abgesprochen. Die *Literární noviny* wurde der „Sphäre des Kultusministeriums zugeordnet", was einer Entlassung der gesamten Redaktion gleichkam.

Diejenigen, die auf die angebliche „Erneuerung der kommunistischen Bewegung in der Tschechoslowakei" Lobeshymnen singen, verschweigen heute noch, daß für diese „Sühne der Schriftsteller", wie die Maßnahme des ZK intern genannt wurde, fast alle ZK-Mitglieder gestimmt haben, also auch jene, die später zu Symbolfiguren des tschechoslowakischen Frühlings geworden sind. Im Plenum, das aus 120 Mitgliedern bestand, fanden lediglich zwei die Kraft, Zweifel anzumelden: der spätere enge Mitarbeiter von A. Dubček, Václav Slavik, und in erster Linie der ehemalige Vorsitzende der tschechoslowakischen Körperkulturbewegung, der Altkommunist Frantisek Vodsloň. Vodsloň hatte sich auf die Tagung gründlich vorbereitet, er beschaffte sich und las die Bücher von Vaculík, Klima und anderen und studierte den Inhalt der *Literární noviny*.

War dies das Ende einer der kurzen Rebellionen der Intellektuellen, die so oft schon ihren Kampf gegen die totalitäre Macht verloren haben? Diesmal war es der Anfang. Unmittelbar nach dem Schriftstellerkongreß wurden in Prag Tausende von vervielfältigten Exemplaren der Vaculík-Rede herumgereicht, teilweise mit der Hand abgeschrieben oder fotokopiert. Die Repression hatte dem Material Gewicht verliehen. Die damals ausgestoßenen Schriftsteller und Journalisten gewannen Respekt in der Öffentlichkeit und erlangten Publicity.

Im Oktober 1967 ereignete sich etwas Neues, was anfangs bedeutungslos erschien, aber im Zusammenhang mit der Gesamtsituation die Ausmaße einer ernsten Krise anzunehmen begann. Zur damaligen Zeit wurde sehr oft der Strom ausgeschaltet, und besonders schwer wurde der Stadtteil Strahov betroffen. Da gibt es große Studentenwohnheimkomplexe. Die Studenten beschwerten sich wiederholt, daß sie gerade vor ihren Examina gezwungen waren, dunkel zu sitzen. Die Klagen fruchteten nichts, und so entschlossen sich am 31. Oktober Hunderte von Studenten spontan, auf die Straße zu gehen. Es schlossen sich weitere an, und so marschierten etwa eintausend Studenten mit Kerzen durch Prag und riefen: „Wir wollen Licht!" Sie zogen in Richtung Prager Burg, zum Sitz des Präsidenten und ersten Parteisekretärs. Die Demonstranten wußten nicht, daß an jenem Tag das ZK tagte (wir sollten noch erfahren, daß es sich um eine sehr wichtige Tagung handelte), aber um so besser wußte es die Prager Polizei. Anläßlich solcher Tagungen wurde der Befehl erhöhter Alarmbereitschaft erteilt, Polizeieinheiten aus den ländlichen Gebieten wurden nach Prag zusammengezogen, und so kam es, daß die Studenten mit ihren Kerzen ganz plötzlich von starken Polizeieinheiten angegriffen und in die Flucht geschlagen wurden; und als die Studenten ihren Rückzug antraten, wurden sie vor den Studentenheimen noch einmal brutal angefallen.

Die Prager Studenten hätten diese Mißhandlungen wahrscheinlich über sich ergehen lassen, weil die Tschechen in den letzten Jahrzehnten wirkliche Taubennaturen geworden waren – aber zur damaligen Zeit befanden sich in Prag auch zahlreiche Studenten aus anderen Erdteilen. Denen mißfiel das Herumhokken in der Finsternis ihrer Zimmer, und so ließen sie ihr feuriges Temperament in einer regulären Schlacht mit der Polizei aus. Hunderte von Prager Bürgern schlossen sich ihnen mit Freuden an. Alles endete mit einer Massenverhaftungsaktion und einer Menge zusammengeschlagener Studenten. In den Prager Hochschulen erklangen – zum erstenmal nach langer Zeit – ganz plötzlich hochverräterische Parolen, wie: „Nieder mit den kommunistischen Schergen", sogar, „Tonda ist ein Hornochse" (Tonda, für Anton, den Vornamen des ersten Parteisekretärs), was den typisch tschechischen Ausdruck für Unzufriedenheit darstellt. Der Skandal trieb einem Höhepunkt entgegen, als Abordnungen von Eltern vom Lande das Sekretariat des ZK besuchten – unter ihnen auch kommunistische Funktionäre –, um zu protestieren, daß „die Arbeiterpolizei Söhne aus Arbeiterfamilien verprügelt". Das Zitat von Vaculik von der „Macht, die uns unausgesetzt in den Hintern tritt" verbreitete sich wie ein Lauffeuer auch in denjenigen Schichten, die in schriftstellerische Probleme absolut nicht eingeweiht waren – und so wuchs sich die ursprüngliche Revolte einiger weniger Intellektueller (auf dem Schriftstellerkongreß traten mit ihrer scharfen Kritik bloße zwölf Schriftsteller auf!) zu einer massenhaften Demonstration der Unzufriedenheit aus.

II.

Selbstzerfleischung der Macht

Überall in Osteuropa wurde der Beginn des Aufbaus des Sozialismus von brutaler Gewalt begleitet. Der Gesetzmäßigkeit jeder Revolution entsprechend, verschlang die sozialistische Revolution zunächst ihre Gegner und später schließlich ihre eigenen Kinder. Die bolschewistische Revolution in Rußland rechnete zuerst mit dem Zaren und dem Adel ab, dann mit den Kadetten und der russisch-orthodoxen Kirche, danach kamen die Menschewiken einschließlich ihrer linken Fraktion an die Reihe, ihnen folgten die Anarchisten und die linksgerichteten Esserangehörigen. Anfangs wurden Offiziere, Popen und Beamte des Zaren gemordet, im März 1921 aber wurden bereits in den Straßen von Kronstadt Zehntausende von Arbeitern und roten Matrosen erschossen.

Infolge der brutalen Stalinschen Säuberungen in der zweiten Hälfte der zwanziger und insbesondere in den dreißiger Jahren wurde die gesamte „Revolutionsgarde" dezimiert, alle Führer der bolschewistischen Revolution wurden hingerichtet – mit Ausnahme von Trotzkij, der verbannt wurde und den Stalin 1940 in Mexiko ermorden ließ.

In den Satellitenländern hat sich diese blutige Geschichte wiederholt. In der Tschechoslowakei kam es zum ersten Massenmord gleich nach dem Mai 1945 – bei der sogenannten Aussiedlung der Deutschen. Die von der parlamentarischen Kommission in den Jahren 1946–47 zusammengetragenen Dokumente harren noch ihrer Veröffentlichung. Diese Dokumente beweisen, daß in der ersten Nachkriegszeit schwere und durch nichts zu rechtfertigende Verbrechen verübt wurden, deren Opfer viele tausend Zivilpersonen, Frauen, Kinder und Greise wurden. Die „Aussiedlung" der Deutschen allein war ein Akt der Ungerechtigkeit und ein Verbrechen gegen die Menschlichkeit, das durch den Hinweis auf die vorangegangenen Verbrechen der Nazi-Okkupationsverwaltung nicht wegdiskutiert werden kann. Willkür und Ungerechtigkeit gibt niemals das Recht, Willkür und Ungerechtigkeit folgen zu lassen. Die gegen die deutsche Bevölkerung der Tschechoslowakei angewandte Gewalt war der erste Schlag gegen die neu entstehende Freiheit – und der Anfang von deren Ende. Der Apparat der Unterdrückung, der sich bei den Repressalien gegenüber den deutschen Bürgern so „gut bewährt hatte", wartete nur noch auf seine weiteren Opfer. Während der Regierungskrise im Februar 1948 – noch vor der endgültigen Machtergreifung! – wurden die ersten politischen Morde verübt. Nach dem Februarputsch 1948 begann der despotische Mechanismus der totalitären Macht auf Hochtouren zu arbeiten und wandte sich in der ersten Phase gegen alle demokratischen und christlichen Kräfte im Lande*.

Seit 1948 begannen in sämtlichen Satellitenländern Prozesse, die eine Neuauflage der „Stalinschen Säuberungen" darstellten: führende kommunistische Funktionäre wurden vor Gericht gestellt, viele von ihnen zum Tode, viele zu langjährigen Freiheitsstrafen verurteilt. Der erste Prozeß dieser Art fand in Rumänien statt, das Opfer war der Sekretär der Kommunistischen Partei Rumäniens L. Patrascanu. Es folgten Prozesse gegen Koci Dzodze in Albanien, Trajko Kostov in Bulgarien, Laszlo Rajk in Ungarn, W. Gomułka in Polen. Dieser überlebte als einziger der Spitzenführer einer Kommunistischen Partei, die vor Gericht kamen, jene Epoche.

Die in diesen Prozessen angewandte Methode stellte lediglich eine Vervollkommnung der bei den sowjetischen Prozessen benutzten Technik dar: durch eine Kombination von körperlicher und seelischer Gewalt wurden die Angeklagten gezwungen, die schwersten (und sogar völlig absurden) Verbrechen zu gestehen, und sie forderten selbst die strengsten Urteile.

Lange Zeit schien diese Prozeßwelle gegen die kommunistischen Funktionäre die Tschechoslowakei zu meiden. Später wurde festgestellt, daß die in Prag tätigen „sowjetischen Berater" viele Monate den Vorsitzenden der KPTsch Klement Gottwald drängten, es sei doch unmöglich, daß sich gerade in der Tschechoslowakei keine Agenten des Imperialismus befinden sollten; sie müssen sie bloßstellen und vernichten, wiederholten jene Be-

---

* Eine hervorragende Analyse dieser Epoche legte der in München lebende Publizist A. Kratochvil in seinem zweibändigen Werk „Ich klage an" dar; die deutsche Ausgabe ist in Vorbereitung.

rater immer wieder. Einige von ihnen wurden unter Chruschtschew später als „Berija-Agenten" erschossen. Zum Schluß kam es also auch in der Tschechoslowakei zu „Enthüllungen". Der Brünner Bezirkssekretär Oto Sling wurde verhaftet, die Leiterin der Organisationsabteilung des ZK Marie Svermová und in der Slowakei die sogenannten „bourgeoisen Nationalisten" mit Vlado Klementis und G. Husák an der Spitze. Ihre Verhaftung verfügte damals noch der Generalsekretär der KPTsch Rudolf Slánský. Ein Jahr später, am 24. November 1951, wurde er dann selbst verhaftet. Die Angeklagten wurden ursprünglich einer Verschwörung gegen Slánský beschuldigt, alsdann gezwungen, so auszusagen, daß Slánský als Anführer ihrer Verschwörung „entlarvt" werden konnte.

Das Benehmen der Angeklagten vor Gericht und auch noch wenige Stunden vor der Hinrichtung ist nicht nur ein erschütternder Beweis für die Brutalität des Systems, sondern auch dafür, in welch grauenhafter Weise der Marxismus und die Zugehörigkeit zur kommunistischen Bewegung die menschliche Seele zu verzerren vermag. Als 1950 eine Frau und Mutter zweier Kinder, die Abgeordnete Milada Horáková, auf ihrer Hinrichtungsstätte stand, vermochte sie ihren Henkern unter dem Strang die volle Wahrheit ins Gesicht zu rufen. Diese Angeklagten und zum Tode Verurteilten dankten noch vor ihrem Tode kriecherisch der Partei – selbst dafür, daß sie sie vernichtet hatte.

Die Prozesse gegen das „verschwörerische Zentrum innerhalb der Partei" begannen zwar in der Tschechoslowakei später, sie waren dafür brutaler, und die gesamte von den Prozessen hervorgerufene Atmosphäre war grauenvoller. Warum gerade in der Tschechoslowakei, in einem Land mit demokratischer Tradition? Gerade deshalb mußte das Einjagen der Angst nachhaltiger als anderswo demonstriert werden. Diese Angst diente auch zum Todschweigen jedweder potentieller Opposition auch innerhalb der Partei. Das war der eigentliche Grund dieser scheinbar irrationalen Prozesse.

Es wäre ein folgenschwerer Irrtum, behaupten zu wollen, daß die Betroffenen liberalere Kommunisten als die anderen waren. Oft war das genaue Gegenteil zutreffend: R. Slánský, B. Geminder oder B. Reicin haben sich vor ihrem Tode mit dem Blut unschuldiger Menschen die Hände besudelt. Dem Ausspruch A. Novotnýs von 1961: „Slánsky hat zwar das, was ihm zur Last gelegt wurde, nicht begangen, aber er war ein Lump, der den

Galgen auf alle Fälle verdient hatte", kann man eine gewisse, wenngleich verzerrte und amoralische Logik nicht absprechen. Novotný war allerdings nicht an der Feststellung der Schuld oder Unschuld interessiert, er war vor allem bemüht, eine Rehabilitierung der Verurteilten zu verhindern, um damit keine „Kompromittierung der Partei" zuzulassen.

In manchen Ländern setzten die ersten Rehabilitierungen bereits 1954 ein, zu einer Zeit also, als in der Tschechoslowakei die Hinrichtungen noch in vollem Gange waren – und die Rehabilitierungen wurden bis heute noch nicht durchgeführt.

Die Angeklagten – und damit auch gleichzeitig schon Verurteilten – wurden nach besonderen Kriterien ausgewählt: den Vorrang hatten Menschen jüdischer Herkunft, damit man die Reste des Antisemitismus gut ausnutzen konnte, ferner Menschen „kapitalistischer Abstammung", ehemalige Angehörige der spanischen Interbrigaden und sogar Opfer der Hitler-Kz's, nach dem Motto: „Wer überleben konnte, muß ein Verräter sein!"

Ein wichtiges Ziel der Prozesse war die Beseitigung derer, die eventuell innerhalb des kommunistischen Machtsystems eine bestimmte Konzeption durchzusetzen versucht hätten oder gar fähig gewesen wären, einen Kampf gegen das allmächtige Machtzentrum zu führen. Stalin mußte die Macht in allen seinen Satellitenländern in der Hand einer Person konzentriert wissen, damit er sie besser kontrollieren konnte: Gomułka wurde gestürzt, damit die Macht von Bierut gefestigt werden konnte, Rajks Hinrichtung stärkte die Machtposition von Rákóczi, Slánskýs Tod die von Gottwald.

Stalin verfolgte das Ziel, einen engen Kreis von Statthaltern zu erlangen, der ausschließlich aus stumpfsinnigen und ihm absolut ergebenen Dogmatikern zusammengesetzt sein sollte. Unter seiner Leitung sollte Osteuropa von einem engen Kreis von Massenmördern beherrscht werden, die durch die gemeinsame Schuld um so enger verbunden waren.

Unter der kurzen und nur teilweisen „Entstalinisierung" wurde die führende Garnitur wesentlich ausgewechselt. In seinem Interesse wiederum lag es, Regierungen von unfähigen, unselbständigen und nicht denkenden politischen Bürokraten einzusetzen.

Diesem Schema entsprach die Person von Antonin Novotný ideal. Er erschien bereits vor Stalins Tod im Vordergrund als angeblicher „Gegner von R. Slánský". Slánský hatte ihm nämlich absolute Unfähigkeit in seiner einstigen Funktion als Bezirkssekretär in Prag vorgeworfen. Ein weiterer glücklicher Umstand für Novotný war die Tatsache, daß kurz nach Stalin auch der Prager Massenmörder Klement Gottwald an den Folgen einer nicht behandelten Syphilis starb. A. Novotný war damals 51 Jahre alt. Er konnte sich seiner Tätigkeit im „Proletarischen Sportwesen" und mehrerer kleiner Funktionen in der KPTsch zur Zeit der ersten Republik rühmen, hatte danach vier Jahre im KZ Mauthausen verbracht und nach dem Krieg eine Stellung an der Spitze der Prager Parteiorganisation bekommen.

Gleich nach Gottwalds Tod im März 1953 wurde Novotný Generalsekretär des ZK und nach dem Tode Zápotockýs im November 1957 dazu noch Präsident der Republik. Damals war er schon der Günstling von Chruschtschew, mit dessen angeborener Intelligenz er keinesfalls Schritt halten konnte, dafür aber stimmte er in manchen Eigenschaften bestens mit Chruschtschew überein: in der mangelhaften Bildung, woraus das Mißtrauen zu den Intellektuellen resultierte, aber auch im Bestreben, Machtprobleme möglichst unblutig zu lösen. Streitigkeiten innerhalb des Machtzentrums bereinigte Novotný mit einer einzigen Ausnahme (Verhaftung des Innenministers R. Barák im Februar 1962) nicht durch eine Persekution seiner Gegner, sondern lieber durch deren Bestechung. Im Prager Politbüro führte er das interessante „Umschlagssystem" ein: bei den Tagungen pflegten die Politbüromitglieder des öfteren Umschläge mit hohen Geldbeträgen in den Mappen zu finden; das Geld kam aus dem Fonds des Präsidenten. Diese Methode wurde dadurch bekannt, daß eine Putzfrau einmal einen Umschlag mit 10 000 Kcs im Sitzungssaal fand und sofort die Polizei alarmierte, aus Angst, es sei eine ihr gestellte Falle gewesen. Novotný war also eher eine Taube als ein Falke der kommunistischen Führungsspitze. Das Volk amüsierte sich über seine lustigen improvisierten Reden bei den Feierlichkeiten des 9. Mai. Die Schriftsteller pflegten sich zu Tode zu langweilen bei den endlos langen und inhaltlosen Sitzungen des Ersten Sekretärs mit der „Kulturfront". Die zutreffendste Bezeichnung für das Kabinett Novotnýs war „Regierung der Niemande".

Dabei hat Novotný nach der Absetzung Chruschtschews in kurzer Zeit sogar zweimal etwas wie Charakter bewiesen. Einmal, als ihn Breschnew telefonisch aufforderte, den gestürzten

Nikita zu verurteilen, wagte Novotný nach den Gründen zu fragen. Er hatte die bereits angeführten Gründe für nicht ausreichend gehalten, und deshalb sprach er öffentlich sein Bedauern über den Abgang Chruschtschews aus. Kurz darauf lehnte er den Wunsch der Sowjets ab, ihre Einheiten in der Tschechoslowakei zu stationieren mit der fadenscheinigen Begründung, Schutz bieten zu wollen gegen die angeblich „erhöhte Gefahr von seiten des westdeutschen Imperialismus".

Mit seinen positiven Charaktereigenschaften übertraf also Novotný zweifellos den heutigen Parteichef G. Husák sowie viele der übrigen Widersacher aus der Zeit des tschechoslowakischen Frühlings. Es scheint, als ob sein Ehrgeiz auf eine Art „Kadarisierung" der Tschechoslowakei gerichtet war, er strebte eine Festigung der Macht zwar an, wollte diese jedoch von ihren widerlichsten brutalen Merkmalen freihalten. Trotz allem galt gerade er als die Personifizierung der totalitären Macht, als Spitzenbürokrat der Diktatur.

Sein Kabinett hielt sich lange ohne ernsthaftere Risse aufrecht. Als Innenminister R. Barák an Chruschtschew einen langen, die Unfähigkeit Novotnýs darlegenden Brief schickte, verständigte Nikita seinen Freund Novotný postwendend davon, und Barák wanderte ins Ruzyn-Verlies mit der netten Beschuldigung der Unterschlagung und des verschwenderischen Luxuslebenswandels. Novotný setzte die Bestechung seiner Mitarbeiter weiterhin munter fort, und seine potentiellen Gegner ließen sich bereitwillig bestechen, unter ihnen auch einige der künftigen „Männer des tschechoslowakischen Frühlings", einschließlich A. Dubček.

Erst im Laufe des Jahres 1967 bildete sich innerhalb der KPTsch eine Opposition gegen Novotný. Es gehörten drei Gruppen seiner Gegner dazu. Die erste warf ihm einen übertriebenen Zentralismus und ein Ignorieren der Interessen der Slowakei vor. Dieser Gruppe gehörte sowohl Alexander Dubček an als auch einer der allerschlimmsten Dogmatiker der gesamten KPTsch, Vasil Bilak. Die zweite Oppositionsgruppe entstand in den Kreisen der Technokratie. Novotný zog es immer schon vor – selbst bei der Lösung wirtschaftlicher Probleme –, den Vertretern der sterilen politischen Bürokratie den Vorrang vor den Fachleuten, den Technokraten, zu geben. In den sechziger Jahren geriet die tschechoslowakische Wirtschaft gleich zweimal in eine ernste Krise. Gerade weil es ein industriell hochentwickeltes Land war, erwies sich das System der „Vergesellschaftung der

Produktionsmittel" und der zentralen Lenkung und Planung der Produktion – in krassen Widerspruch mit den Marxschen Thesen – als absolut uneffektiv und die Entwicklung der sozial-ökonomischen Sphäre bremsend.

Die Opposition der wirtschaftlichen Front hatte Ende der sechziger Jahre zwei Konzeptionszentren. Das erste war angeführt von Oto Šik, ZK-Mitglied und Direktor des Instituts für Wirtschaftswissenschaften, dem zweiten stand in der Akademie der Wissenschaften Radovan Richta vor. Im Interesse der Wahrheit sei bemerkt, daß weder das eine noch das andere Zentrum eine Demokratisierung angestrebt hatte oder eine Liberalisierung des Systems, wie einige der Gruppenmitglieder heute gern behaupten. Ihr Ziel war eine effektivere Wirtschaft, eine Teilreform des ökonomischen Systems, was im Prinzip aus den Theorien des sowjetischen Ökonoms Liebermann hergeleitet wurde. Im Rahmen dieses Reformversuches sollte die absolut bürokratische direktive Planung durch eine effektivere Methode abgelöst werden, die selbständige Entscheidungsgewalt der Betriebe sollte möglich und der materielle Anreiz für die einzelnen Mitarbeiter erhöht werden. Die ökonomische Sphäre sollte natürlich als kollektive Wirtschaft erhalten bleiben – eine auf den Grundlagen der marxistischen Doktrin aufgebaute Wirtschaft also –, und das politische System sollte der Monopolregierung einer einzigen Partei vorbehalten bleiben. Die meisten dieser Vorstellungen waren beispielsweise in Ungarn bereits verwirklicht. Damals jedoch wurden all diese Vorhaben von der Parteibürokratie mit A. Novotný an der Spitze als revisionistisch bezeichnet, und es entstand ein offener Konflikt zwischen einem Teil der wirtschaftlichen Front und Novotnýs Führung.

Daß keine einflußreiche Gruppe des ZK der KPTsch eine Demokratisierung des Landes, eine größere Rücksichtnahme auf Bürger- und Menschenrechte, Meinungs- sowie Pressefreiheit anstrebte, beweist in erster Linie die Verurteilung der Schriftsteller im September 1967: die slowakische Vertretung mit A. Dubček an der Spitze, die Ökonomen von O. Šik angeführt, sie alle verurteilten eifrig die „antisozialistischen Tendenzen unter den Schriftstellern" und stimmten für deren Bestrafung.

In der dritten Gruppe der Gegner Novotnýs waren Leute, die persönliche oder Machtkämpfe mit ihm austragen wollten. Hierfür ist die Beziehung, die sich zwischen Novotný und dem zweitmächtigsten Präsidiumsmitglied, Jiří Hendrych, herausbildete, bezeichnend. Hendrych überragte seinen Chef eindeutig durch seine Intelligenz, aber auch durch Parteidogmatismus und die Bemühungen, die zentrale Führung zu verstärken. Nach seinem unglückseligen Auftritt anläßlich des Schriftstellerkongresses wurde er zur Zielscheibe von Novotnýs Kritik – der erste Sekretär hatte wohl die Absicht, die Verantwortung für jene peinliche „Episode" der Schriftstellerrevolte jemandem in die Schuhe zu schieben. Es kam zwischen den beiden zu harten persönlichen Auseinandersetzungen, Novotný – im Privatleben als strenger Moralist bekannt – begann Hendrych des „unmoralischen Lebenswandels" zu bezichtigen und warf ihm Alkoholismus und Liebesaffären vor. Zum Schluß kam es zwischen den beiden gerade in jenen entscheidenden Tagen im Herbst 1967 zu heftigen Streitigkeiten, die den Sturz Novotnýs eigentlich besiegelten.

Einen knappen Monat nach der Bereinigung der Schriftstellerprobleme kam es im ZK der KPTsch ganz unverhofft zu einer offenen Krise. Die Sitzung am 30. und 31. Oktober hatte im Grunde kein nennenswertes Thema zu behandeln vorgehabt: es wurde lediglich das inhaltlose und phrasenstrotzende Material über die Thesen von „der Position und den Aufgaben der Partei in der gegenwärtigen Etappe der Entwicklung unserer Gesellschaft" zur Billigung unterbreitet. In der Diskussion bemängelte A. Dubček einen rein formalen Fehler – er behauptete, daß der Text im Präsidium nachträglich abgeändert worden sei.

Novotný reagierte unnütz scharf, worauf Dubček in Rage geriet und Novotný seine „merkwürdigen Beziehungen zur Slowakei" vorwarf. Die Slowakei werde in der Investitionspolitik unausgesetzt benachteiligt und Novotný halte seine schützende Hand über diese Mißstände. Daraufhin steigerte sich Novotný in eine wahnsinnige Wut hinein und warf Dubček „bourgeoisen Nationalismus" vor – was seinerzeit einer überaus ernsten Beschuldigung gleichkam, 1967 jedoch mehr als witziges Schimpfwort benutzt wurde. Und so erfolgte nach langen Jahren zum erstenmal im ZK wieder ein sehr heftiger Meinungsaustausch. Vertreter Mährens ergriffen schadenfroh Dubčeks Partei, es bestanden traditionsgemäß nicht nur Spannungen zwischen Prag und der Slowakei, sondern auch zwischen Prag und Brünn oder Ostrau.

Zunächst ging es also nur um regionale Machtfragen, es wurden aber auch andere Stimmen laut – insbesondere von seiten des

liberalen Altkommunisten F. Vodsloň, der Novotný zum zweitenmal die Stirn bot und ihm „diktatorische Machtmethoden"
vorwarf. J. Smrkovský und V. Slavík gesellten sich mit ihrer Kritik hinzu, die Analysen der politischen Lage „seien viel zu optimistisch und in keiner Weise den Tatsachen entsprechend"
dargestellt worden. Zum Schluß fiel das ketzerische Wort von
der „Anhäufung der Funktionen", und dieser Begriff geriet
augenblicklich in den Vordergrund und beherrschte von Stund
an die gesamte Diskussion. Es wurde das Problem behandelt, ob
die Zusammenlegung der Funktion in der Partei und an der
Spitze des Landes einer wirksamen Ausübung beider Funktionen
nicht im Wege stehe. (Dazu eine anekdotische Erinnerung: wenig später wurde Husák ein entschiedener Gegner dieser „Anhäufung" – und 1975 hat er sie erneut eingeführt!)

Die Sitzung wurde auf den 19. Dezember vertagt. Entscheidende Bedeutung erlangte plötzlich der Beschluß des Präsidiums
zu der unverhofft aufgetauchten Schlüsselfrage, bei der es eindeutig um das politische Überleben von A. Novotný ging. In der
Geschichte der KPTsch wurde der eindeutige Standpunkt des
Präsidiums von seiten des ZK noch nie überstimmt. Und in diesem engeren Organ sah alles für Novotný recht günstig aus. Gegen ihn waren O. Černík – der geborene Opportunist – eingestellt, natürlich A. Dubček, ferner der Dogmatiker D. Kolder (im
September 1968 von Smrkovsky als „degenerierter Alkoholiker"
bezeichnet), und nachträglich gesellte sich der nicht minder dogmatische A. Dolansky dazu. Sechs Stimmen (die von Novotný,
Hendrych, Lenárt, Laštovička, Šimůnek und Chudík) erhoben
sich für die Beibehaltung beider Funktionen in einer Hand – also
für eine Fortsetzung der Regierung Novotný. Im Laufe der Debatte ereignete sich dann aber jene schicksalsschwere persönliche
Auseinandersetzung Novotnýs mit Hendrych, so schloß die
Endabstimmung mit einem Patt 5:5, und zum erstenmal seit 1948
wurde beschlossen, diese Frage der Entscheidung des Plenums
zu unterbreiten. Die totalitäre Macht begann zu bröckeln wegen
persönlicher und regionaler Streitigkeiten der einzelnen politischen Bürokraten!

A. Novotný machte nun den Versuch einer radikalen Lösung:
er lud Leonid Breschnew nach Prag ein. Breschnew ging der
Streit in der Führungsspitze der KPTsch sehr gegen den Strich,
andererseits aber mochte er Novotný überhaupt nicht und sah
eine große Chance, die es ihm ermöglichen könnte, sich seiner,

ohne persönlich eingreifen zu müssen, zu entledigen. Deshalb sagte er am 8. Dezember jenes schicksalhafte Wort: „Vot, eto vaše dělo, tovarišči – nun, das ist eure Sache, Genossen." Damit war Novotný verloren, obwohl es im Plenum noch zu einem Kampf kam.

Zunächst wurde der Versuch unternommen, am 19. Dezember durch eine geeignete Manipulation des Programms weitere Konflikte zu verhindern. J. Lenárt eröffnete die Tagung mit einem überaus matten Referat über „die Fragen der ökonomischen Entwicklung", daraufhin sprach Novotný zum Thema „Neuordnung der Leitungsweise und der Beziehungen in den Zentralbehörden", und er entschuldigte sich einleitend für die „ungeeigneten Formulierungen in der Oktobersitzung", um dann ausführlicher auf die angebliche Gefahr von seiten der Imperialisten einzugehen, die uns dazu führen sollte, „jeden weiteren Schritt sorgfältig abzuwägen" und „nicht zuzulassen, unsere Einheit zu schwächen".

So sollte nun alles wieder einmal vertuscht und nach dem alten Muster ein nichtssagender Beschluß einmütig verabschiedet werden. Nur hat es diesmal nicht geklappt. Im Saal erhob sich – zum drittenmal innerhalb kurzer Zeit – F. Vodsloň[*].

„Wofür haltet ihr uns eigentlich, Genossen", rief er empört und verlangte eine detaillierte Information über die Verhandlungen im Präsidium zu hören. Novotnýs Anhänger versuchten daraufhin vergebens, die Debatte zu stoppen. O. Šik ergriff das Wort, und in seinem Referat übertraf er sich selbst. Eine Reihe weiterer Redner schloß sich in der Folge an. Am nächsten Tag wurde die Debatte fortgesetzt. V. Bilak (heute der schlimmste Habicht im Prager Präsidium, unter anderem für den Staatssicherheitsdienst verantwortlich) kritisierte Novotný heftig für seine Unterdrückung der Slowakei. Die entscheidende Rede hielt J. Smrkovský, der den konkreten Vorschlag aussprach, Novotný möge „seinem Nachfolger die Funktion des Ersten Sekretärs abtreten". Darüber hinaus schlug er vor, „einige meiner Meinung nach falschen Maßnahmen im Zusammenhang mit dem Schrift-

---

[*]Dazu eine kleine Erinnerung in eigener Sache: Zur Zeit, als ich im Gefängnis einsaß, behauptete die „normalisierte" Presse, ich hätte für meine konterrevolutionäre Tätigkeit das ZK-Mitglied F. Vodsloň mißbraucht, dessen Ghostwriter ich gewesen sei. Dies war eine schwere Beleidigung für meinen engen Freund, mit dem ich mich sehr oft über politische Probleme zu unterhalten pflegte, der aber mehr eigene Gedanken besaß, als er jemals im ZK an den Mann bringen konnte.

stellerkongreß zu ändern", für die er – leider – ein Vierteljahr zuvor, ohne zu protestieren, selbst gestimmt hatte.

Einen ungewöhnlich „schwerwiegenden" Diskussionsbeitrag brachte Frau Ladislava Besserová: „Ihr könnt sagen, was ihr wollt, Genossen, ihr könnt die bewußten Linientreuen spielen. Ich will's aber gerade heraussagen: Ihr wißt wohl, daß das Weihnachtsfest vor der Tür steht und daß Genossinnen unter uns sind, die den Kopf voller Sorgen haben, wie sie ihre Familien zu Hause zufriedenstellen sollen usw., und ich meine, daß man Rücksicht darauf nehmen muß. Und daß man ganz ruhig am 3. Januar weitermachen kann!" Und das Unglaubliche ist Tatsache geworden – diese (selbstverständlich durch irgend jemand inspirierte) Rede hat Novotný noch eine letzte Chance gegeben: die Vertagung auf den 3. Januar ist wirklich erfolgt.

Einige Tatsachen darüber, was sich in den elf verbleibenden Tagen abspielte, sind bis heute geheim geblieben. Fest steht jedoch, daß die dunkelsten Kräfte des Machtapparates mobilisiert wurden, die im eigenen Interesse jede Änderung fürchten mußten, was auch begreiflich war! Unter der Leitung von General Janko (nach seiner Entlarvung hat er im März 1968 Selbstmord verübt) versammelten sich in Prag einige der Kommandierenden der einzelnen militärischen Armeegruppen, und die Panzerbrigade „zum Vereiteln innerer Unruheherde" zog in Richtung Prag. Die Sicherheitsabteilung des ZK fertigte in Zusammenarbeit mit dem Staatssicherheitsdienst Verhaftungsbefehle gegen die prominentesten Novotný-Gegner aus. Im Verteidigungsministerium verbreitete General Šejna gefährliche Gerüchte (drei Monate später floh er mit den Unterlagen des Warschauer Pakts in die USA, wo er sich bis zur Stunde als großer Gegner des Kommunismus aufspielt), und ein Teil des Stabes der „Volksmiliz" bereitete sich auf einen Eingriff vor.

Es ist nicht klar, ob diese Pläne infolge des Widerstandes eines bestimmten Teils der Armee gescheitert sind, in der Befehlshaber der Hauptabteilung Politik V. Prchlík war, dessen Name in der letzten Phase des tschechoslowakischen Frühlings bekannt wurde, oder ob es A. Novotný selbst war, der im entscheidenden Moment Angst bekam und den vorbereiteten Putsch verbot.

In der Weihnachtspause haben sich Novotnýs Gegner dann auch auf die Person seines Gegenkandidaten geeinigt. Dies erfolgte auf einer Sitzung von etwa zwölf ZK-Mitgliedern in Prag. Es wurden einige Möglichkeiten erwogen: Josef Smrkovský?

Der würde wohl die Stimmenmehrheit nicht auf sich vereinigen können – im ZK überwogen die Dogmatiker und Bürokraten, die sich nicht mit ihm vertrugen. O. Černík? Auch der würde keine ausreichende Unterstützung finden – außerdem war wohl bekannt, daß er eine staatliche und keine Parteifunktion anstrebte. Zum Schluß fiel der Name A. Dubček. Er rief keine große Begeisterung hervor – der Mann hatte nicht genügend Fähigkeiten und Energie, und dies erschienen ernste Hindernisse zu sein. Ja – aber wer denn sonst? Bei Dubček konnte man sicher sein, daß sich zumindest alle slowakischen ZK-Mitglieder hinter ihn stellen würden. Auch hatte er keine persönlichen Feinde und hat seinerzeit in der UdSSR studiert, also wird wohl selbst Breschnew nichts gegen ihn einzuwenden haben. Diese Argumente brachten die Entscheidung: die Anwesenden konnten sich über zwei Dinge einig werden – einmal den Rücktritt Novotnýs unmißverständlich zu fordern und Dubček als dessen Nachfolger durchsetzen zu wollen.

Wer war nun jener neue Kandidat, der alsbald für die Geschicke des gesamten Landes eine so folgenschwere Rolle spielen sollte?

A. Dubček wurde am 27. November 1921 in Unhrovec in der Slowakei geboren. Sein Vater hat mehrere Jahre in den USA verbracht, war nach dem ersten Weltkrieg in seine Heimat zurückgekehrt, war Mitglied der Kommunistischen Partei geworden und war 1925 sogar mit der ganzen Familie in die Sowjetunion übergesiedelt. 1938 kehrten die Dubčeks jedoch in die Tschechoslowakei zurück, und Sohn Alexander wurde mit 18 Jahren Mitglied der illegalen KPTsch. Nach dem zweiten Weltkrieg arbeitete er nur kurze Zeit bis 1949 als Arbeiter, bald ging er aber in den Parteiapparat über, und 1953 war er bereits Bezirkssekretär der Partei in Neusohl. Zwei Jahre später wurde er zum Studium auf die politische Hochschule nach Moskau entsandt. 1958 übernahm er erneut die Funktion eines Bezirkssekretärs, diesmal in Preßburg, und wurde Mitglied des ZK – der Weg zu seiner politischen Karriere stand also offen: 1960 wurde er Sekretär des ZK, 1962 Mitglied des Politbüros und ein Jahr darauf übernahm er gar die höchste Parteifunktion in der Slowakei: das Amt des Ersten Sekretärs der KPdS.

Insgesamt also die typische Karriere eines Politfunktionärs, die unweigerlich zur Einseitigkeit, einem begrenzten Überblick und einer zumeist unrealistischen Auffassung der Lage im Lande führen mußte – die Parteibürokraten in den höheren Funktionen erfahren nur recht selten die volle Wahrheit über Dinge, die außerhalb ihrer Amtsstuben passieren. In einer Hinsicht unterschied sich Dubček allerdings von seinen Kollegen: er hatte einen guten Charakter, war aufrichtig bis zur Naivität, unfähig zu lügen und zu betrügen, was laut Lenin zu den unumgänglichen Eigenschaften der Revolutionäre gehört.

Am 3. Januar 1968 vollzog sich nun der letzte Akt des Kampfes um die höchste Parteifunktion. Die „Konservativen"* sammelten ihre Kräfte zum Gegenangriff: Der Verteidigungsminister General B. Lomský und der Generalstabschef General Rytíř schilderten in dramatischen Farben die Gefahr, die dem Lande von seiten des „westdeutschen Revanchismus" drohe, und der Haupttenor ihrer Reden war: „Wir können uns Auseinandersetzungen und Änderungen innerhalb der Partei keinesfalls leisten." J. Lenárt machte auf die zu erwartende Ablehnung der übrigen sozialistischen Länder aufmerksam und verlas sogar Auszüge aus einer Art Drohmemorandum von Walter Ulbricht. Außenminister V. David (weltweit bekannt wegen seiner nahezu absurden Unfähigkeit) versuchte darzulegen, daß „eine Kritik an politischen Persönlichkeiten die Front der Imperialisten stärken würde".

Dieser letzte Rettungsversuch des Ersten Sekretärs (und der eigenen Funktion der Angehörigen jener „Verschwörung der Unfähigen", wie die Novotný-Regierung zutreffend genannt wurde) scheiterte jedoch in erster Linie deshalb, weil die meisten Mitarbeiter des Parteiapparates über die weitere Entwicklung im unklaren waren und sich für ein vorsichtiges Stillschweigen entschieden hatten.

Am 4. Januar, morgens um 9.20 Uhr, wurde Novotnýs Kapitulation bekanntgegeben. Er ersuchte, von seiner Funktion enthoben zu werden, und schlug im Namen der „Konsultativgruppe", die die ganze vorangegangene Nacht getagt hatte, A. Dubček als seinen Nachfolger vor. Letzte Versuche erfolgten – die späteren Verräter und Helfershelfer der Okkupationsmacht, Pavlovský und Šalgovič, protestierten, zum Schluß besinnt sich das ZK jedoch auf die alten guten Sitten: der Änderungsbeschluß hinsichtlich der höchsten Funktion und die

---

*Diese Bezeichnung hat im Osten eine völlig andere Bedeutung als hierzulande. Als „konservativ" werden dort die dogmatischen Falken der politischen Führung bezeichnet.

Wahl des neuen Ersten Sekretärs erfolgen, wie gehabt, einstimmig.

A. Dubček ergriff das Wort – wer eine große historische Rede erwartet hätte, wäre enttäuscht gewesen. Dubček sagte so gut wie gar nichts. Er dankte Novotný für dessen große Arbeit, vergaß die Festigung der Beziehungen zur Sowjetunion und den übrigen sozialistischen Ländern nicht – und das war schon alles. Dieser erste Auftritt schien für Dubčeks gesamtes Wirken in den folgenden 15 Monaten programmatisch zu sein.

Das Zentralkomitee verabschiedete noch den Beschluß, über die Tagung nichts Genaues – außer einen offiziellen Bericht – zu veröffentlichen. Es könnte „die Einheit der Partei gefährden". Jener offizielle Bericht schloß mit den Worten:

„Die Verhandlungen des Zentralkomitees manifestierten sich im Geiste völliger Einheit und Geschlossenheit, wie es den revolutionären Traditionen unserer Partei und der Größe der Aufgaben unserer Zeit entspricht. Die Sitzung des Zentralkomitees wurde mit der Internationale abgeschlossen."

Die überwiegende Mehrheit der ZK-Mitglieder begab sich auf die Heimreise beruhigt und zufrieden, felsenfest davon überzeugt, daß alles beim alten bleiben und der neue Sekretär ihre Regierung und ihre Privilegien ebenso gut wie sein Vorgänger absichern werden.

Unter dem Schutz der großen Sowjetunion sollten die totalitäre Diktatur und mit ihr die Privilegien der Monopolpartei und die der führenden Bürokratie konserviert werden und bleiben.

Einem uneingeweihten Beobachter mußte es vorkommen, als habe der Berg gekreist und eine Maus geboren. Ich hatte damals bereits meinen Lehrvertrag mit der Universität in Portorico unterzeichnet, und als ich diese „mobilisierenden Schlußworte" des Parteibeschlusses gelesen hatte, packte ich sehr schnell meine Koffer und flog nach San Juan. Einen Monat später saß ich aber am Radio und knirschte mit den Zähnen vor lauter Wut über meine überstürzte Entscheidung.

III.

Das Volk schöpft Hoffnung

Die Handlungsweise des neuen Ersten Sekretärs nach jenem „historischen Januar-Plenum" beweist deutlich, daß es sich für ihn selbst um nichts weiter als um eine personelle Veränderung und höchstens um einige „Korrekturen hinsichtlich der Methoden der Parteiarbeit" gehandelt hatte. Unmittelbar nach seiner Wahl fuhr A. Dubček seelenruhig nach Hause, nach Bratislava, zurück, um, wie es hieß, ein interessantes Eishockeymatch nicht zu versäumen. Wir werden später sehen, daß das Eishockeyspiel in der späteren bewegten Geschichte jener Zeit eine recht bedeutende Rolle spielte.

Damals jedenfalls ermöglichte die Sportreise des neuen Parteichefs seinem Vorgänger Novotný aus dem Amtssitz des Ersten Sekretärs das gesamte kompromittierende Material zu beseitigen. Den späteren Ermittlungen zufolge tat dieser seine Arbeit mit lobenswerter Konsequenz, und es gelang ihm in erster Linie, sämtliche von der gefährlichen Tätigkeit des Staatssicherheitsdienstes und einiger Armeekreise zeugenden Beweise zwischen der Dezember- und Januar-Plenarsitzung gründlich zu beseitigen. Nach Ansicht einiger ZK-Mitarbeiter verschwand in jenen Tagen auch die „Verhaftungsliste", die im Dezember von der Sicherheitsabteilung des ZK unter M. Mamula, in Zusammenarbeit mit dem Staatssicherheitsdienst, erstellt worden war.

A. Dubček kehrte erfrischt vom Sieg der Mannschaft Slovan-Bratislava in der Eishockeyliga nach Prag zurück – und unternahm wochenlang überhaupt nichts. Er trat kein einziges Mal öffentlich auf und lehnte sämtliche Bitten um ein Interview ab. Ausländische Fernsehstationen bestürmten das Prager Fernsehen mit Bitten um ein Gespräch und mußten zu ihrer Verwunderung erfahren, daß der neue Erste Sekretär selbst für die Prager Fernsehstation nichts auf Lager habe. Dubček eröffnete seine Ära nicht als politischer Führer, sondern als der typisch brave und aufrechte Bürokrat: er schloß sich für 16 Stunden täglich in seinem Arbeitszimmer ein, studierte eine Menge auch unwichtiger Akten, ließ sich von allen leitenden Mitarbeitern des Apparates detailliert über ihre Tätigkeit berichten, empfing Bezirks- und Kreissekretäre, besprach mit allen laufende organisatorische Fragen – von einer neuen politischen Konzeption konnte kein Mensch ein einziges Wort von ihm erfahren.

In der Zwischenzeit fuhr die Maschinerie des Parteiapparates in ihrem altbewährten und eingebürgerten Trott weiter fort: Die Organisationsabteilung des ZK delegierte Mitglieder des ZK und Apparatschiks zu Sitzungen, auf denen sie „über die Ergebnisse des Januarplenums" zu berichten hatten. Sie bekamen genaue Anweisung hierfür: über „die Veränderungen zu sprechen, die eine größere Effektivität der Parteiarbeit und der der Staatsorgane zum Ziel haben", über „die Verdienste des einstigen Parteichefs" und insbesondere darüber, daß die Person des neuen Parteichefs „die Kontinuität der Parteiarbeit und die Erfüllung sämtlicher vom 13. Parteitag verabschiedeten Beschlüsse" garantiere. Und es wurden naturgemäß jene Mitglieder des ZK ausgeschickt, bei denen gewährleistet war, daß sie keine unbequemen Fragen zur Sprache bringen würden. F. Vodsloň mußte sich selbst anbieten, doch es bestand kein Interesse an seiner Mitwirkung, während die typischen Dogmatiker in den ersten Wochen alle Hände voll zu tun hatten.

In der Parteiorganisation des Außenministeriums hielt Minister David eine große Rede, in der er den Anwesenden versicherte, daß die Änderung in der Parteiführung keinerlei Auswirkungen zeitige. Die treuesten Anhänger Novotnýs besuchten einige Prager Fabriken und hielten gleichklingende Reden. Alsbald wagte sich auch Novotný selbst vor. Er begann Fabriken zu besuchen (was er in den letzten Monaten konsequent vermieden hatte), und da schilderte er sich selbst als den Hauptgaranten einer „Sozialpolitik für Arbeiter".

A. Dubček erschien am 3. Februar zum erstenmal seit seiner Wahl in der Öffentlichkeit – anläßlich des Kongresses für landwirtschaftliche Produktionsgenossenschaften. Er sagte abermals so gut wie überhaupt nichts. Neben Andeutungen über „neue Methoden der Parteiarbeit" – kaum einer wußte, was man sich darunter vorzustellen hatte, und im übrigen ist dieser Begriff bereits unzählige Male in den offiziellen Parteidokumenten strapaziert worden! – gab es in seiner Rede auch derart phrasenhafte Passagen wie beispielsweise folgende:

„Wir werden auch weiterhin gegen Wiederbelebungsversuche des Neofaschismus kämpfen, gegen die gefährlichen Tendenzen der westdeutschen Reaktion, die im Begriff ist, ihre revanchistischen Ansprüche gegen ihre Nachbarn durchzusetzen, und die DDR liquidieren möchte." Die grundlegende Aufgabe der tschechoslowakischen Außenpolitik sollte eine „Festigung des Warschauer Pakts" sein, beteuerte Dubček.

In der ersten Zeit aber gab es für die Parteibürokraten auch Schwierigkeiten. In fast allen Arbeiter- und Ortsorganisationen gab es so gut wie keine Informationen über den Verlauf der am Ende des vergangenen Jahres geführten ZK-Diskussionen. Dafür begann in manchen Zentralämtern der Boden für den Parteiapparat heiß zu werden. In der politischen Hochschule der KPTsch redete über den „Verlauf des Plenums" der Schulrektor Vilém Nový, der spätere Repräsentant der dogmatischen Linken. Er wurde einfach ausgebuht (was ihm in den darauffolgenden Monaten peinlich oft widerfuhr), und er schlug vor, eine neue Tagung anzuberaumen „um sich besser vorbereiten zu können". Die Sitzung wurde einberufen – doch diesmal ohne ihn. Auf der Versammlung der Kommunisten aus allen Hochschulen brachte der spätere Außenminister – zu seinem Lob sei gesagt, einer der drei Sprecher der „Charta 77" –, Jiří Hájek, einen so vorsichtig und „linientreu" eingefärbten Bericht, daß auch er ausgepfiffen wurde. Schließlich wurde auf demokratische Weise eine scharfe Resolution verfaßt und gebilligt.

Trotz dieser vereinzelten Zwischenfälle schien der Parteiapparat, wie in der Vergangenheit üblich, die Lage ohne größere Mühe zu bewältigen. Die durch ihre Vergangenheit schwer kompromittierten Parteibonzen beruhigten sich recht bald, zumal nachdem sich eine für sie ungemein wichtige Nachricht verbreitet hatte, laut der Dubček nach seiner Wahl angeblich Breschnew versprochen haben soll, keine „radikalen Kaderveränderungen" zuzulassen. Und so begann sich bereits vor dem 20. Januar eine Front zu bilden, die beabsichtigte, jedwede Änderungen zu verhindern und darüber hinaus ihre offenen Rechnungen mit einigen unbequemen Kritikern zu begleichen. Auf ihrer „Abschlußliste" stand obenauf (wegen alter Aversion) Josef Smrkovský. Das hatte ihn auch zu einer Aktion herausgefordert, zu einer Art „Vorwärtsattacke": am 21. Januar veröffentlichte er im Gewerkschaftstageblatt *Práce* (Arbeit) einen bemerkenswerten Leitartikel – und einige Tage später wiederholte er die Hauptgedanken des Leitartikels sogar im Parteiorgan *Rudé právo*. Er sprach sich entschieden dagegen aus, daß der gesamte „Prozeß innerhalb der Partei" mit „personellen Änderungen" sein Ende finden sollte. Ja, er verstieg sich sogar zu zwei fast ketzerischen Thesen: „Es liegt einzig und allein an uns, den Tschechen und Slowaken, das unerforschte Neuland tapfer zu betreten und darin unseren tschechoslowakischen Weg zu suchen." Das war nun ein offener Aufruf zur Rückkehr zur „eurokommunistischen" Konzeption der Jahre 1945–48, zu jenem widerrufenen „Programm des eigenständigen Weges zum Sozialismus". Noch ketzerischer allerdings war seine Forderung, die Machtbefugnisse der Partei und der Regierungsorgane klar zu umreißen. Die Staatsorgane sollten in Zukunft nicht mehr direkt von der Partei geleitet werden – als eine Art „Übersetzungshebel"–, sondern vom Parlament. In erster Linie gab damit Smrkovský zum erstenmal öffentlich bekannt, daß es im Plenum des ZK zu einer scharfen Diskussion gekommen war und daß eine Kritik des dogmatischen Teils der Parteiführung stattgefunden hatte, nicht nur eine Änderung in der leitenden Funktion vollzogen worden war.

Damit hat Smrkovský allerdings gegen die „Parteidisziplin verstoßen" – seine Veröffentlichungen standen in krassem Widerspruch zur Direktive, die gebot, „im Interesse der Einheit der Partei" gerade diese Tatsachen zu verschweigen. Augenblicklich begann sich eine gegnerische Front gegen ihn herauszubilden, die Kampagne gegen ihn sollte sofort gestartet werden (sie wurde ein Jahr später betrieben!). Es blieb ihm nichts anderes übrig als der Angriff. In der Wochenschrift *Reportér* gab er seinen Kritikern folgende Antwort: „Zwischen dem Zentralkomitee und dem Volk darf es keine Geheimnisse geben ... Wir können nicht mehr über das Volk herrschen, sondern nur mit dem Volk, und das für immer."

Wer war eigentlich Josef Smrkovský, der ganz plötzlich zu einer der Schlüsselfiguren des „tschechoslowakischen Frühlings" geworden war? Er wurde 1911 geboren und bekleidete bereits mit 16 Jahren Funktionen im Komsomol. 1932 wurde ihm die erste Funktion in der KPTsch übertragen. Während der Nazi-Okkupation arbeitete er illegal und wurde 1944 Leiter der politischen Abteilung des illegalen Zentralkomitees der KPTsch. Im „Prager Aufstand" im Mai 1945 wurde er Stellvertretender Vorsitzender des Tschechischen Nationalrates, und er verhinderte, gemeinsam mit den übrigen kommunistischen Mitgliedern dieses Organs, alle Versuche, die Amerikaner um Hilfe anzugehen, die damals bereits in Pilsen standen. „Prag muß von der Roten Armee befreit werden", so lautete der Befehl von Gottwald aus Moskau. Dafür aber nahm Smrkovský die von der Wlassow-Armee angebotene Hilfe für Prag an, und das sollte später für ihn ein schicksalschweres Nachspiel haben.

Nach dem Krieg wurde er Abgeordneter und Mitglied des Politbüros. Als Stalin begonnen hatte, die ehemaligen illegalen Mitarbeiter zu beseitigen, wurde Smrkovský in die Funktion des stellvertretenden Landwirtschaftsministers abgeschoben, wo er jedoch eine sehr wichtige Aufgabe zu erfüllen hatte: die Durchführung der Grundstücksreform und die Vorbereitung zur Kollektivierung der Landwirtschaft. 1951 wurde er verhaftet – als einer der treuen Kämpfer für die Bewegung, die nun unter die Räder der Unterdrückungsmaschinerie geraten waren. Er wurde angeklagt, 1945 mit den Wlassow-Leuten gemeinsame Sache gemacht zu haben. Diese Behauptung wurde durch die verlogene Anklage ergänzt, er habe bereits vorher in Ostrau als Gestapospitzel gearbeitet. Er verbrachte volle vier Jahre im Gefängnis, wurde erst 1964 mit der erneuten Wahl zum Abgeordneten rehabilitiert, zwei Jahre später als Landwirtschaftsminister Kabinettsmitglied und Mitglied des ZK.

Wahrheitsgemäß muß festgehalten werden, daß Smrkovský Anfang 1968 von „liberalen Anschauungen" weit entfernt war. Seine oft widersprüchlichen Standpunkte waren viel zu sehr durch die innerhalb der KPTsch herrschenden Machtkämpfe gekennzeichnet. Seit Ende Januar galt er zunächst als führender Vertreter der „Erneuerungsbewegung". Er wurde zu zahlreichen Treffen – insbesondere zu Jugendtreffen – eingeladen. Am 13. Mai diskutierte er gemeinsam mit Pavel Kohout im Slawischen Haus in Prag mit der Jugend – und er hatte Erfolg. Mitte März begann er jedoch bereits Befürchtungen zu äußern, man möge „die führende Rolle der Partei" nicht schwächen. Am 19. Mai schrieb er im *Rudé právo* fast das Gegenteil dessen, was er Ende Januar geäußert hatte: „Wir sind Zeugen eines relativ neuen Phänomens: Es formieren sich Kräfte, die nicht nur die demokratische Erneuerung des Sozialismus und die Beseitigung der Ungerechtigkeit anstreben, sondern bemüht sind, eine antikommunistische und antisozialistische Opposition zu bilden." Vor einer Opposition hatte er – wie auch alle übrigen

Vertreter der Dubček-Führung – eine höllische Angst. Anfang Juni erklärte Smrkovský in Moskau als Delegationsleiter einer Abordnung des tschechoslowakischen Parlaments: „Wir werden keinerlei Aktionen gegen die Sowjetunion dulden", und es war keineswegs eine leere Phrase, sondern der Ausdruck seiner tiefsten Überzeugung. Einen Monat später war er unter den ersten, die das Manifest der „2000 Worte" verurteilten, kurz darauf hat er seine Verurteilung jedoch widerrufen.

Es scheint, als habe erst der 21. August die entscheidende Zäsur in Smrkovskýs Leben gebracht. Ich traf ihn zu einem langen Gespräch Anfang September, und wir wurden enge Freunde. Zur Zeit, als die Verfolgungen anfingen, war Smrkovský eine Art moralischer Führer der Prager Opposition. Ich habe oft in seiner Prager Wohnung gesessen, die vom Staatssicherheitsdienst umzingelt war, und wir besprachen die Lage. Wir stimmten in allem überein – in erster Linie in der grundsätzlichen Verurteilung des kommunistischen Machtsystems.

Ende Januar hatte diese erste offene Stimme eine nahezu explosive Wirkung gezeigt. Die Prager Journalisten machten sich augenblicklich daran, die Dinge zu kommentieren, die Gedanken weiterzuspinnen. Die Zensurstelle und der gesamte Parteiapparat, aus seiner einstigen Sicherheit geworfen und unter anderem auch durch Dubčeks Stillschweigen beunruhigt, verloren für einige Tage ihre repressive Funktion. Die Zensoren trieben sich zwar in den Redaktionen herum, sie wagten jedoch nicht einzugreifen. Einige beklagten sich, von den Journalisten offen verhöhnt zu werden, manche erbaten sogar, mit sofortiger Wirkung in eine andere Funktion versetzt zu werden.

Diese Lähmung des Zensurapparates sollte unvorhergesehene Folgen haben. Die Journalisten griffen in erster Linie das jahrelang als Tabu geltende Thema auf: sie deckten alle grauenhaften Einzelheiten der mörderischen Repression der fünfziger Jahre auf und umgingen nicht einmal die heikelste Frage: die Beteiligung der sowjetischen „Ratgeber" an den verbrecherischen Prozessen, an den Folterungen und Morden in den Gefängnissen. Innerhalb von wenigen Wochen wurde die nackte Wahrheit über den Charakter des Regimes enthüllt. Die Namen der Mörder vom Staatssicherheitsdienst wurden veröffentlicht, die verdächtigen Umstände des Todes des Außenministers im Jahre 1948, Jan Masaryk, wurden bloßgelegt. Die Öffentlichkeit erfuhr tagtäglich neue empörende Einzelheiten: über den Hintergrund des

Prozesses gegen Milada Horáková, über den Mord am Cihoster Pfarrer Toufar, Tatsachen über den Prozeß mit Slánský. Die Zeitungen begannen Stimmen derjenigen zu veröffentlichen, die zwanzig lange Jahre zum Schweigen verdammt waren.

Eine bemerkenswerte Besonderheit des tschechoslowakischen Frühlings ist der Umstand, daß die tatsächliche Wahrheitsexplosion nicht zu einem Ausbruch des Volkszorns, sondern zum Ausbruch der Begeisterung und Hoffnung geführt hatte. Die nach Rache rufenden Stimmen blieben vereinzelt, der Rausch darüber, daß nun die Wahrheit gesagt werden durfte, war allgemein. Die Menschen waren überglücklich, weil sie nach zwanzig Jahren wieder einmal echte Zeitungen lesen durften, ein anderes Funk- und Fernsehprogramm als das von der ideologischen Abteilung gleichgeschaltete verfolgen konnten.

Wenn eine Bevölkerungsschicht das entscheidende Verdienst am Entstehen des tschechoslowakischen Frühlings hat, sind es keineswegs die Politiker, Wissenschaftler oder Technokraten, sondern die Journalisten. In ihrem damaligen Standpunkt schlug sich zweifelsohne auch der tiefsitzende grimmige Zorn über die kürzlich erlittene Demütigung nieder: nach dem Schriftstellerkongreß wurde der Journalistenverband auf seinem Kongreß gezwungen, die antisozialistischen Tendenzen der intellektuellen Kollegen zu verurteilen und die kriecherische Treue dem Regime gegenüber zum Ausdruck zu bringen. Jetzt also fingen die Journalisten erst an, das zu schreiben, was sie auch dachten. Die Zensur bestand auch weiterhin, sie funktionierte aber nicht, und gerade hier in der Tschechoslowakei stellte sich am Winterende 1967–68 klar heraus, was Pressefreiheit und Wahrheitsverbreitung bedeuten kann.

Der tschechoslowakische Frühling entstand in einigen wenigen Tagen als spontane Bewegung der breiten Volksmassen. Er hatte kein Programm aufzuweisen: alle waren sich darin einig, was es abzulehnen galt; wie die Zukunft auszusehen hatte, wußten sie nicht genau oder nur ganz vage. In dieser Spontaneität steckte eine enorme moralische Kraft – aber auch die politische Schwäche dieser Bewegung.

Was tat nun zur damaligen Zeit die sich angeblich erneuernde kommunistische Partei? Der in seinem Arbeitszimmer eingeschlossene A. Dubček wies sämtliche Vorschläge für personelle Änderungen ab und beharrte darauf, daß sich alle gemeinsam auf die „Hauptaufgabe" zu konzentrieren haben: auf die Ausarbeitung des „Aktionsprogramms der KPTsch". Auf dieser Basis sind sich alle prompt einig geworden: manche erfreut, daß man auch weiterhin nicht über ihre Funktionen und ihre eigene Unfähigkeit sprechen würde, andere hofften, daß die neuen Prinzipien des Programms neue Leute zu dessen Erfüllung notwendig machen würden. Die Arbeit am „Aktionsprogramm" begann recht seltsam: Unter dem Vorsitz des unfähigen Dogmatikers Drahomír Kolder wurde ein Ausschuß der Kommunisten aus den verschiedensten Berufssparten einberufen. Unter den Wirtschaftswissenschaftlern fehlte beispielsweise O. Šik, dafür führte das große Wort der einstige Chef der ideologischen Abteilung Pavel Auersperg, wegen seines Kampfes gegen sämtliche Abweichungen, einschließlich der „zionistischen Gefahr", berüchtigt. Ein vollkommen unhomogenes Team begann eine Fülle von Anregungen „zu Papier zu bringen", dazu arbeiteten dann verschiedene Kommissionen und Abteilungen des ZK ihre Gutachten aus. Einen Leitgedanken, eine Programmkonzeption gab es einfach nicht.

Das Aktionsprogramm erblickte anläßlich der ZK-Sitzung am 5. April das Licht der Welt. Heute noch wird es von einigen im Exil lebenden Marxisten als ein nahezu geniales Werk hingestellt, in Wirklichkeit ist es ein unausgeglichenes Potpourri unterschiedlichster Thesen, die man in keiner Weise für ein reelles Programm halten kann. Neben positiven Elementen, wie der Forderung nach Beseitigung der Vorzensur, nach Rehabilitierung unschuldig Verurteilter, nach Beschneidung der Machtbefugnisse für den Staatssicherheitsdienst, nach Möglichkeiten, ins Ausland – auch ins westliche – reisen zu können, finden wir im Aktionsprogramm so abgedroschene Phrasen, wie „der Februarsieg der werktätigen Bevölkerung" oder „die Notwendigkeit, gegen die Überreste der Bourgeoisie zu kämpfen und für die Festigung der Macht unter Bedingungen der verschärften internationalen Spannungen nach dem Februar 1948 einzustehen" oder „die überragenden Erfolge des sozialistischen Aufbaus".

Es wurde allmählich klar, daß die Partei die Absicht hatte, sich lediglich von einigen Personen und deren Methoden zu distanzieren, nicht aber von ihrer gesamten Vergangenheit, insbesondere auch nicht von jenen Verbrechen, die die Thesen über die Diktatur des Proletariats und den Klassenkampf gesetzmässig hervorgebracht hatten. Wie wurden in jenem Programm all die Verbrechen der Vergangenheit und jenes eindeutige Versagen der marxistischen Konzeption erklärt? Ganz einfach: mit der angeblichen Tatsache, „daß es innerhalb der Partei zu einer übertriebenen Konzentration der Entscheidungsmacht gekommen war, außerordentlich begünstigte Positionen von Einzelpersonen, in erster Linie von A. Novotný", geschaffen worden waren.

Nach bewährtem Rezept: Chruschtschew schob an allem Stalin die Schuld in die Schuhe, die Autoren des Aktionsprogramms schoben die Schuld Novotný zu. Chruschtschews Kritik des Personenkults ließ, wie wir inzwischen wissen, die Möglichkeit für eine Restalinisierung offen, die gleiche Konsequenz konnte – auch ohne sowjetische Panzer – jenes historische Programm der KPTsch haben.

Es war zwar darin in Phrasen vom „neuen politischen System unseres Lebens" oder vom „neuen Modell sozialistischer Demokratie" die Rede, doch um was es dabei eigentlich gehen sollte, das erfuhr kein Mensch. In erster Linie erwiesen sich die Autoren des Aktionsprogramms als absolut unfähig, zu erkennen, daß einzig und allein der politische Pluralismus die Garantie gegen den Machtmißbrauch liefert. „Die führende Rolle der Partei" durfte nicht angetastet werden, darin mußte man das Leitprinzip jenes „neuen Modells" sehen.

Noch trostloser war die im Programmabschnitt für Außenpolitik benutzte Formulierung. Es schien so, als sei alles aus uralten Dokumenten abgeschrieben. Die Beschimpfungen der „imperialistischen Reaktion" konnten aus der Feder von Klement Gottwald stammen, ebenso wie die Märchen von den „neonazistischen und revanchistischen Tendenzen in der BRD". Die gesamte Konzeption der Außenpolitik erfuhr nicht den geringsten Wandel. Ihre Basis war auch weiterhin „das Bündnis und die Zusammenarbeit mit der Sowjetunion und den übrigen sozialistischen Ländern" und darüber hinaus auch die eingebürgerte Formulierung: „Wir wollen konsequent von der Existenz zweier deutscher Staaten" ausgehen.

Gerade an zwei Problemen wichtiger Art versagte damals die gesamte KPTsch-Parteiführung, einschließlich der „progressiven Gruppe": es lag an der absoluten Unfähigkeit, grundlegende systempolitische Reformen durchzuführen, und an der offensichtlichen Ablehnung, eine aktive außenpolitische Konzeption auszuarbeiten, die eine Rückendeckung für die inneren Reformen geboten hätte.

Was das künftige politische System anging, bestand das entscheidende Problem in der Frage des Pluralismus und der legalen Opposition. Diese Frage wurde ganz offen im erneut erscheinenden Wochenblatt des Schriftstellerverbandes *Literární Listy* (Literarische Blätter) aufgeworfen. In der Diskussion über das „neue Modell" schrieb Václav Havel beispielsweise folgendes:

„Die Halbherzigkeit all dieser Konzeptionen hat also, wie sich zeigt, eine gemeinsame Ursache: keine von ihnen ermöglicht eine wirkliche Wahl. In der Tat: von Demokratie kann nur dort ernsthaft gesprochen werden, wo das Volk die Möglichkeit hat – von Mal zu Mal –, frei zu wählen, wer regieren soll. Das setzt die Existenz von zwei vergleichbaren Alternativen voraus. Nämlich zweier autonomer gleichberechtigter und voneinander unabhängiger politischer Kräfte, die beide die gleiche Chance haben, zur führenden Kraft im Staate zu werden, wenn das Volk so entscheidet."

In der KPTsch-Führung gab es seinerzeit jedoch kein einziges Mitglied – wenngleich wir diese Führung im breitesten Sinne des Wortes verstehen –, das es gewagt hätte, das Problem des politischen Pluralismus zu einem zumindest einigermaßen ernstzunehmenden Diskussionsgegenstand zu machen. „Die Erhaltung der führenden Rolle der Partei", das war die Hauptaufgabe, und der galt das Hauptinteresse aller maßgeblichen Kräfteströmungen innerhalb der KPTsch. Eine Oppositionspartei – oder die Zulassung irgendwelcher neuer politischer Parteien war im ganzen Verlauf des tschechoslowakischen Frühlings für alle Dubček umgebenden Leute absolut undenkbar. Im April 1968 besuchte eine Delegation ehemaliger Sozialdemokraten das ZK der KPTsch, und sie wurde von Dubček und einigen seiner Mitarbeiter empfangen. Die Delegation trug den Antrag vor, die Wiedereinführung der SP zu bewilligen. Sie bekam ein entschiedenes Nein zur Antwort: „Sollte sie einen diesbezüglichen Versuch unternehmen, werden wir mit allen politischen Mitteln gegen euch kämpfen." Jeder, der aus der Vergangenheit Erfahrungen gesammelt hatte mit dem, was als „politische Mittel" bezeichnet zu werden pflegte, mußte das Schlimmste befürchten.

Durch Zufall entstand am selben Tag wie das Aktionsprogramm in Prag eine neue Organisation. Es war in erster Linie der Initiative der Mitarbeiter der Akademie der Wissenschaften zu verdanken, daß der „Klub engagierter Parteiloser" gegründet wurde – was ein Keim für eine zukünftige von der KPTsch unabhängige politische Partei sein sollte. Für den Klub wurden niemals die Statuten gebilligt, so daß er praktisch auch niemals begann, legal zu existieren.

Seit März bestand bereits eine andere Organisation – der „K 231". Darin vereinten sich die in den Jahren 1948–67 politisch und strafrechtlich Verfolgten aufgrund des § 231 des Strafgesetzes – des Paragraphen „zum Schutze der Republik". Der Klub 231 beabsichtigte in erster Linie konsequente Rehabilitierungen zu erwirken. Von Anfang an war dieser Klub der Parteiführung ein Dorn im Auge, und bis zu seinem Verbot hörten die mit seiner Existenz verbundenen Konflikte nicht auf.

Wie sollte denn jener „demokratische Sozialismus" eigentlich funktionieren, wenn die Monopolstellung einer einzigen politischen Macht erhalten bleiben sollte? Diese Frage hatte nie jemand beantwortet – weil man ja die verschiedenen verworrenen Überlegungen über „die Nutzung der bestehenden Organisationen der Nationalen Front" oder „eine Kombination parlamentarischer und direkter Demokratie" oder die Möglichkeit, „einzelne Kandidaten in freier Wahl" zu wählen, wahrhaftig nicht einmal für einen ernsthaften Versuch einer Antwort halten kann. Es ist bestürzend, daß die KPTsch in diesen Fragen keinerlei Kompromißbereitschaft gezeigt hat, nicht einmal in jener „Stunde der Wahrheit", die die Okkupation der Tschechoslowakei durch die Sowjets doch sicherlich war. Selbst jener „revolutionäre" 14. Parteitag, der überstürzt im Schatten der sowjetischen Panzer einberufen wurde, hat in dieser entscheidenden Frage des politischen Systems eine typische Stellungnahme bekanntgegeben: die führende Rolle der KPTsch sollte verfassungsrechtlich so lange garantiert werden (für mindestens weitere 5–10 Jahre!), „bis das sozialistische Bewußtsein des Volkes ein hinreichendes Niveau erreicht habe". Es war dies eigentlich ein tragischer Beweis für die „demokratische Gesinnung" jener „progressivsten" Gruppe der KPTsch, die sich zu diesem Parteitag versammelt hatte: Die führende Rolle der Partei werden wir so lange mit Machtmitteln verteidigen, bis die Menschen bereit sein werden, diese Partei freiwillig zu wählen – gibt es überhaupt einen größeren Zynismus in der Auslegung „demokratischer Prinzipien" auf der ganzen Welt?

Man kann natürlich den Einwand erheben, daß die Menschen dennoch demokratische Errungenschaften genossen, die anderswo in Osteuropa unvorstellbar gewesen wären: sie konnten frei diskutieren, sie wurden objektiv informiert, die Zensur gab es zwar formell immer noch, aber keiner nahm Notiz von ihr. Fast jeder durfte ins Ausland reisen (und es blieb fast keiner im Verlaufe des gesamten Frühlings draußen). Vorübergehend war die Angst vor der politischen und sozialen Repression gewichen. Die Menschen fühlten sich urplötzlich wesentlich zufriedener als je zuvor, obgleich die soziale Lage wohl alles andere als rosig war: die durch die Kollektivierung völlig ruinierte Wirtschaft erlebte gerade in der Zeit um 1968 eine ihrer ernstesten Krisen. Eine neue Opferwilligkeit trat zutage, das Bestreben, anderen und der Gesamtheit zu helfen. Der Aufruf zur Sammlung für den „Goldschatz der Republik" stieß auf ein unerwartetes Echo. Bewies demnach diese Zeitspanne dennoch eine Möglichkeit für den „demokratischen Sozialismus", verwirklichten sich „unter der Führung der kommunistischen Partei" – wie jene so oft gebrauchte Phrase lautet – wirkliche strukturelle demokratische Reformen?

Nein, nichts Derartiges konnte damals bewiesen werden – und das selbst nicht in den Programmansätzen der damaligen Führung der kommunistischen Partei. Die Reformen wurden durch den Druck von unten, gegen den Willen der Parteibürokratie erzwungen. Ein typisches Beispiel hierfür ist der bereits erwähnte Fall der nichtfunktionierenden Zensur. Positive Umwandlungen erzwang die tatsächliche gewaltlose Revolution von unten her, typische, im politischen System nicht verankerte Veränderungen – also Veränderungen für eine vorübergehende nicht stabilisierte Zeitspanne, die einmal ein Ende finden mußte.

Wie hätte das Ende des tschechoslowakischen Frühlings wohl ohne den Eingriff durch die sowjetischen Panzer ausgesehen? Es wird niemals möglich sein, diese Frage zu beantworten – es sei denn, man würde eine ideologisierte, also unwahre Antwort geben. Es ist möglich, daß die Führung der „erneuerten KPTsch", gestützt auf ihre starken Machtmittel, wieder zu einer totalitären Diktatur der Vorjanuarzeit degeneriert wäre. Vielleicht wäre es aber zu einer Art Kompromiß im Stile der ungarischen „Kadarisierung" gekommen. Es ist aber auch nicht völlig ausgeschlossen – in der Geschichte haben sich bereits größere Wunder ereignet! –, daß sich jene „Radikalen" durchgesetzt hätten, die die Rückkehr zu den Normen der zivilisierten europäischen Gesellschaft anstrebten. Eines steht jedoch fest: es hat nur eine einzige wirkliche Alternative gegeben: entweder das Aufrechterhalten „der führenden Rolle der kommunistischen Partei" und die damit unweigerlich zusammenhängende Diktatur unterschiedlicher Güteklassen (in der Spannbreite von den gegenwärtigen Verhältnissen in Jugoslawien oder Ungarn auf der einen oder in Bulgarien oder Rumänien auf der anderen Seite) oder ein pluralistisches parlamentarisches System, das zu Freiheit und voller Berücksichtigung der Menschenrechte geführt hätte. Ein Zwitter dieser beiden Strukturen ist nichts weiter als eine absurde Erfindung politischer Phantasten.

Jenen „Radikalen" mangelte es 1968 an jeglichen klassischen Machtmitteln, wie Armee, Polizei und Staatsapparat. Sie verfügten lediglich über einen Teil der Massenmedien und – vor allem – über die unbestrittene Unterstützung der breiten Volksmassen. Unterschiedlichste Formen des Ausdrucks öffentlicher Meinung – von großen Kundgebungen in großen Prager Sälen, über Versammlungen in den Fabriken bis zu intensiven politischen Diskussionen direkt auf den Straßen – in Prag in der Straße „Na příkopě" (Graben) entstand sehr schnell eine Art tschechischer Hydepark – waren Hauptäußerungen jener spontanen Bewegung für Freiheit und Menschenrechte, die das Jahr 1968 zu einer zwar kleinen, aber dennoch unvergeßlichen Episode der Weltgeschichte gemacht haben.

Welcher Art Ansichten wurden bei diesen Kundgebungen ausgesprochen? In zahlreichen westlichen Publikationen kann man nachlesen, daß damals angeblich vorwiegend über das „neue Modell der sozialistischen Gesellschaft" diskutiert worden sei. In Wahrheit haben sich die Leute damals ihren Kopf keineswegs über das Ideologisieren zerbrochen. Sie interessierten sich für konkrete Dinge und verlangten im Grunde genommen nur eines: die Rückkehr zur Freiheit, zu den Normen der europäischen Zivilisation. Wir sollen damals zuviel verlangt haben – lautet heute noch oft der Vorwurf westlicher Kritiker. Das Gegenteil trifft eher zu. Wir waren damals viel zu bescheiden: wir forderten nur das, was Jahrzehnte zuvor in unserem Lande selbstverständlich war und was heute in den westlichen Ländern selbstverständlich und so alltäglich geworden ist, daß die Leute die kostbarsten Werte, wie Meinungs-Freiheit, Bewegungsfreiheit, die Möglichkeit, seine Vertreter wählen zu können, frei über Arbeit und Wohnort entscheiden zu dürfen, ohne Angst leben zu können, daß früh morgens jemand anderer als der Milchmann an der Tür klingelt, nicht mehr richtig zu schätzen wissen.

Im April 1968 besuchte Rudi Dutschke, der Theoretiker der

„neuen Linken", Prag. Er versuchte die Studenten „vor der Nachahmung des Westens" zu warnen, vor einer parlamentarischen Demokratie. Die Prager Studenten bestaunten ihn wie einen Marsmenschen, teilweise amüsierten sie sich über ihn, zum Teil gaben sie ihrer Ablehnung laut Ausdruck. Dutschke kehrte nach Berlin zurück und beklagte sich im Kreise der progressiveren, besser gesagt „marxistisch deformierten" Jugend über die „zeitweilige Verherrlichung demokratischer Formen" (Liberalisierung) unter den tschechoslowakischen Studenten*. Trotz dieser Erfahrungen beruft sich die westliche Linke betrügerisch auf das Beispiel des tschechoslowakischen Frühlings als angebliche Bestätigung der Richtigkeit ihrer Konzeption. Der tiefere Sinn dieses Betruges kommt übrigens im selben Interview mit Dutschke klar zum Ausdruck: „Mit dem Beginn einer Demokratisierung von unten in der ČSSR ist eine geschichtlich neue Möglichkeit gegeben auch für die Revolutionierung unserer Gesellschaft."

Eine wahrhaft bemerkenswerte „Logik": Damit, daß die tschechoslowakische Bevölkerung sich gegen die Folgen des kollektivistischen Systems gestellt und die Rückkehr zu den Verhältnissen freier Länder angestrebt hat, lieferte sie angebliche Argumente und eine Rechtfertigung für die westliche Linke, die auf das Zerschlagen des freiheitlichen Systems und die Wiederholung jener Irrtümer hinarbeitet, die die Tragödie unseres halben Kontinents verursacht haben!

Die spontane Bewegung in den ersten Monaten des tschechoslowakischen Frühlings aktivierte insbesondere zwei soziale Bevölkerungsschichten: die Jugend und die Intellektuellen. Demgegenüber blieb die Arbeiterschaft zunächst passiv, was die progressive Front geschwächt hat. Eine ähnliche Aktion der Arbeiterschaft, wie es sie in den letzten Jahren zweimal in Polen gegeben hat, hätte die gesamte Machtstruktur höchstwahrscheinlich bedeutend mehr erschüttert und der Entwicklung im Lande eine neue Richtung gegeben.

Dafür aber, eine Arbeiterbewegung ins Leben zu rufen, fehlte ein gesamtmobilisierendes soziales Programm des tschechoslowakischen Frühlings. Es wurde natürlich auch über eine wirtschaftliche Reform gesprochen. Dies war jedoch eine Maßnahme, die bereits 1966–67 angedeutet worden war, ohne auf ein

---

* Siehe: ČSSR, fünf Jahre Normalisierung (Verlag Association 1973), Seite 75.

breiteres Echo zu stoßen. Es ging hierbei um eine Teilreform, im Rahmen deren die Machtbefugnisse der einzelnen Unternehmen größer werden sollten, und es wurde auch die Erneuerung der Konkurrenz in gewissen Grenzen angestrebt. Im Frühling 1968 wurden zwar Diskussionen über Unternehmensselbstverwaltung geführt; als aber die Regierung am 6. Juni „zeitweilige Richtlinien für die Organe demokratischer Verwaltung in den Betrieben" erließ, war eindeutig ersichtlich, daß die ganze Reform weit hinter der Zeit herhinken, ja sogar noch hinter dem „jugoslawischen Modell" zurückbleiben würde (z. B. unvergleichlich größere Machtbefugnisse des Direktors auf Kosten des Betriebsrates) – obgleich selbst in Jugoslawien keine Rede sein kann von einer tatsächlichen „Demokratisierung der Produktionssphäre" und schon gar nicht von einer effektiven Wirtschaft.

Die schwerstwiegenden Probleme, wie z. B. die Tatsache, daß Kollektivierung mit ökonomischen Verlusten verbunden ist, daß die staatliche Planung der freien Konvertibilität im Wege steht und die Entfaltung der Produktionskräfte bremst, blieben unlösbar – und sogar indiskutabel –, „das Fundament des Sozialismus" durfte ja nicht angetastet werden. Wen also hätten die programmatischen Erklärungen mobilisieren sollen, wie z. B.: „Die Forderung unserer ökonomischen Reform besteht darin, die administrativ direktiven Methoden der Produktionsplanung zu beseitigen; ... Wir wollen unser Planungssystem in ein modernes wissenschaftliches Modell der künftigen Perspektiventwicklung umwandeln..."*? Die Arbeiter hätten in erster Linie die Gründe interessiert, warum ihr Reallohn ungefähr die Hälfte des eines Kollegen in den westlichen Ländern betrug, und ein Programm, das mit diesem „sozialistischen Wohlstand" aufgeräumt hätte.

Interessant ist, daß sich die Anteilnahme an dem Geschehen im Lande in jener Zeitspanne immer mehr gesteigert hat, wenn dem tschechoslowakischen Frühling eine größere Gefahr von außen drohte. Schon vor dem August kam es in zahlreichen Betrieben zu wirklichen Revolutionen innerhalb der Gewerkschaftsorganisationen, und es begann sich spontan die Parole zu verbreiten: „Gewerkschaften ohne Kommunisten" – wobei das Wort Kommunisten für Parteifunktionäre stand, die von den Parteiorganisationen in die Gewerkschaften geschleust worden waren. Noch

---

* Ota Šik im Juni 1968.

stärker radikalisierte sich die Arbeiterschaft nach der August-intervention. Damals stellte sie sich in ihrer Mehrheit vor die allgemeinen Forderungen nach politischer Demokratie. So bildeten sich kurz nach dem Augusteinmarsch in den Fabriken „Komitees zum Schutze der Presse", und diese Entwicklung war es, die es unmöglich machte, die Forderung der Sowjets zu erfüllen, die Zensur in vollem Umfang wieder einzusetzen.

Der zweite schwache Punkt der Massenbewegung im Frühling war der Rückstand der Slowakei bei diesem Demokratisierungsprozeß. Die hauptsächliche Aufmerksamkeit konzentrierte sich da auf die Forderung der Föderalisierung des Landes – und damit auf die Erfüllung der berechtigten Forderung nach einer Gleichberechtigung beider Nationen. Dies jedoch gab der Parteibürokratie die Chance, die Öffentlichkeit von anderen, weitaus dringlicheren Problemen abzulenken. Während in Prag und Brünn die Front der Schriftsteller und der übrigen Intellektuellen fast einmütig die Forderung nach radikalen Veränderungen vertrat, kam es in Bratislava zu einer Spaltung: Novomeský, Válek, Matuška und Mihálik stiegen aus dem Redaktionskollektiv der Zeitschrift *Kulturný život* (Kulturleben) aus und gründeten ein neues literarisches Wochenblatt *Nové slovo* (Neues Wort) – gemeinsam mit Husák.

Der slowakische Parteiapparat bemühte sich zu jener Zeit, durch eine künstliche Steigerung der nationalistischen Stimmungen jedwede grundsätzlichere Diskussion über demokratische Reformen zu verhindern. Kurz vor der sowjetischen Okkupation trat im Fernsehen von Bratislava V. Bilak auf, der in seinem Statement nationalistische Konflikte schürte und ohne Vorbehalt die sowjetischen Standpunkte verteidigte. Zwei Tage später schrieb die Preßburger *Prawda* über „die immer stärker werdende Zersetzungstätigkeit der antisozialistischen Kräfte". Der Schriftsteller Dalimil Tatarka sprach sich in der Station Dunaj einen Tag nach dem Einmarsch dafür aus, die Föderalisierung erst in freiheitlichen Verhältnissen zu verwirklichen – also nach dem Abmarsch der Sowjettruppen. Leider überwogen Gegenstimmen, und die Passivität der Mehrheit des slowakischen Volkes, Hand in Hand mit dem direkten Verrat der politischen Vertreter, versetzte den demokratischen Kräften im ganzen Lande einen schweren Schlag.

Die öffentliche Meinung radikalisierte sich in Böhmen und Mähren bereits Anfang März, und zwar ziemlich rapide. Es war eine Folgeerscheinung der „Šejna-Affäre". Am 27. Februar war ein Amtsbericht herausgegeben worden, laut dem einer der führenden politischen Köpfe der Armee, General Jan Šejna, Abgeordneter der Nationalversammlung und enger Freund von A. Novotný und noch intimer befreundet mit dem Chef der Sicherheitsabteilung des ZK, Mamula, seiner Immunität als Abgeordneter enthoben und wegen Unterschlagung von 300000.- Kcs angeklagt worden war, aber nicht verhaftet werden konnte, weil er sich mittlerweile ins Ausland abgesetzt hatte. In den darauffolgenden Tagen deutete die Presse an, es handle sich hierbei um eine folgenschwere Affäre: daß Šejna angeblich, neben General Janko (der kurz darauf Selbstmord verübt hat), die Hauptschuld daran trüge, die Vorbereitung eines militärischen Eingriffs betrieben zu haben, der Ende des Jahres Novotný unterstützen sollte. Es gab einen Riesenskandal, und für die Presse war es für lange Zeit Thema Nummer 1. Šejna floh über Ungarn nach Jugoslawien, Italien und von dort aus in die USA – und das nicht mit leeren Händen. Er nahm Geheimdokumente des Warschauer Pakts mit, was man allgemein als einen guten Grundstein für seine spätere Existenz betrachtete.

Die Affäre zeitigte zwei unmittelbare Folgen: die empörte Öffentlichkeit verlangte die Beseitigung Novotnýs – und unter diesem Druck verzichtete er schließlich am 21. März auch auf die Funktion des Präsidenten der Republik, und eine Woche später auf die im Parteipräsidium und im Sekretariat des ZK. Die zweite Folge war leider recht unangenehm: Die sowjetische Führung und der Generalstab des Warschauer Paktes bekam dadurch einen guten Vorwand, die tschechoslowakische Armee unter verstärkte Kontrolle zu stellen. Eine Militärabordnung kam nach Prag, um Konsequenzen aus dieser Affäre zu ziehen und Maßnahmen vorzubereiten „zur erhöhten Wachsamkeit und besseren Wehrtüchtigkeit der tschechoslowakischen Armee". Damit begann praktisch eine ganze Reihe taktischer Schritte, die zur Okkupation der Tschechoslowakei führten, ohne daß ein einziger Schuß gefallen wäre, und zur Vernichtung all unserer damaligen Hoffnungen.

Die unmittelbare Folge der Affäre war die Entfernung einer Reihe von Dogmatikern aus Partei- und Staatsfunktionen. Es ist auch zu einigen Selbstmorden von kompromittierten Funktionären gekommen – das stärkste Echo fand der Selbstmord von General Janko und des stellvertretenden Vorsitzenden des Obersten

Gerichtshofes, Brestanský, der in die Prozesse der fünfziger Jahre verwickelt war. Einige Politiker bemühten sich, auf oft groteske Art und Weise, anderen die Schuld in die Schuhe zu schieben. Der ehemalige Sicherheitsminister Kopriva, der vor dem Prozeß mit Slánský die Angeklagten besucht hatte, um sie zu überreden, „im Interesse der Partei" Dinge zu gestehen, die sie niemals verbrochen hatten, bemühte sich nun, seine eigene Mitschuld auf andere abzuwälzen und interessante Tatsachen über die Tätigkeit der damaligen sowjetischen „Berater" auszuplaudern.

Ludvík Svoboda wurde am 30. März vom Parlament zum neuen Präsidenten der Republik gewählt. Seiner Wahl ging – zum erstenmal in der Nachkriegszeit – eine breitangelegte öffentliche Diskussion über den Kandidaten für diese höchste Staatsfunktion voraus. Hier aber trat klar zutage, wie ernst es die neue KPTsch-Führung mit der Aufrechterhaltung demokratischer Prinzipien wirklich meinte. Sie ließ zwar eine öffentliche Diskussion zu, bestimmte aber durch den Beschluß des ZK einen einzigen Kandidaten, was dessen Wahl ohnehin sicherte. Und sie suchte sich auch denjenigen Kandidaten aus, der sich bei weitem nicht auf eine so große Unterstützung verlassen konnte wie andere, die im Gespräch waren. Um der Wahrheit aber gerecht zu werden, sei gesagt, daß nicht alle der Vorgeschlagenen besser waren als Svoboda. Ein ernstzunehmender Kandidat hätte Josef Smrkovský sein können, der mittlerweile wegen seiner Auftritte Ende Januar und mehrere Wochen danach äußerst populär geworden war. Eine sympathische Persönlichkeit war der Weltreisende Jiří Hanzelka; es ist allerdings schwer zu verstehen, wieso die Prager Studenten gerade Čestmír Císař vorschlugen, der im Prinzip ein typischer Parteibürokrat, ja ein Dogmatiker war.

Es wurde also ein der sowjetischen Führung genehmer Mann gewählt: ein treuer Diener Stalins und des NKWD (Volkskommissariat des Innern der UdSSR mit der Geheimpolizei) aus der Zeit des zweiten Werltkrieges wurde nun Staatsoberhaupt und Oberbefehlshaber der Armee. Dies erwies sich in den kritischen Augusttagen als einer der tragischsten Irrtümer des gesamten tschechoslowakischen Frühlings.

Eine Art Ausgleich stellte die Kandidatur Josef Smrkovskýs zum Parlamentspräsidenten dar. Während aber Svoboda einstimmig gewählt wurde, gab es bei Smrkovskýs Wahl zum erstenmal nach zwanzig Jahren eine starke „Opposition" – mehr als ein Viertel der Abgeordneten stimmten gegen ihn.

Seit dem März begann sich auch die Kluft zwischen den Forderungen der überwiegenden Bevölkerungsmehrheit, die laufend bei immer häufiger stattfindenden Kundgebungen zum Ausdruck gebracht wurden, und dem sichtbar abzuzeichnen, was die KPTsch-Führung als maximal tragbare Grenze der „Demokratisierung" ansah. An der Tatsache einer sich abzeichnenden Spaltung ändert auch nichts, daß im Augenblick eines immer stärker werdenden Drucks von außen – insbesondere nach der Unterzeichnung der „Warschauer Fünf" und während der Verhandlungen in Čierna nad Tisou – eine einmalige Einigung zwischen Volk und Parteiführung zustande kam. Alle waren bereit, Dubček gegen die dogmatische Linke zu verteidigen und noch mehr gegen ausländische Diktatoren – wenn auch den meisten Menschen in der Tschechoslowakei das, was Dubček ihnen zu geben bereit und fähig war, zu jener Zeit längst nicht mehr als ausreichend erschien.

Im Mai trat in der Politik der Dubček-Führung eine gefährliche Wende ein. Das war zu jener Zeit, als die Tätigkeit dunkler, halblegaler Kräfte immer stärker wurde. In Prag wurden Flugblätter verbreitet, die „Abrechnung mit den rechtsgerichteten antisozialistischen Kräften" forderten, einige dieser Flugblätter wurden nachweisbar aus Flugzeugen unbekannter Herkunft abgeworfen. In der Wohnung von Josef Jodas in Prag-Libeň entstand ein Sekretariat mit sieben Mitarbeitern, und von da aus wurde fortan eine gezielte Hetzkampagne gegen die „Konterrevolution" betrieben. Da wurde die Gruppe „Čechie" gegründet, die nach der Okkupation die Rolle der blindwütigsten Kollaborateure spielte. Im Stab der „Volksmilizen" wurde ein sonderbarer Plan „zur Rettung des Sozialismus" ausgearbeitet. In der Armee bildete sich eine Gruppe hoher Offiziere, diesmal angeführt von General Rytíř. Sie schmiedeten Pläne für ein Eingreifen ins politische Geschehen, wobei sie – zum Unterschied von Ende 1967 – mit der „brüderlichen Hilfe" der Sowjets rechneten. Im Verteidigungsministerium zirkulierte die vervielfältigte Rede des sowjetischen Generals Žadov, der am 12. Mai in der Leitmeritzer Kaserne unter anderem erklärte:

„Die guten Kommunisten brauchen keine Angst zu haben. Ein Anruf genügt, und die gesamte Sowjetarmee wird gemeinsam mit den befreundeten Armeen zur Verfügung stehen!"

So wurde also unter dem wachsenden Druck aus dem Ausland der Plan für einen inländischen Putsch vorbereitet, wovon Dubčeks Parteiführung genauestens informiert war. Damals konnte sich die Parteiführung auf die breite Unterstützung des Volkes verlassen, hätte eine Säuberung in den Institutionen der Macht durchführen und dadurch reelle Möglichkeiten für positive Reformen absichern können. Das ist aber nicht erfolgt. Für Dubček kann die Tatsache, daß er die ganze Zeit des Prager Frühlings im Präsidium des ZK – also im entscheidenden Organ des Landes – in der Minorität war, keinesfalls als Entschuldigung gelten. Seine Gruppe konnte sich da auf nur fünf Stimmen stützen – Dubček, Smrkovský, Kriegel, Černík und Špaček – gegen die Stimmen der Dogmatiker Rigo, Švestka, Piller, Kolder, Bilak und Barbírek. Es konnte kein ernsthaftes Problem darstellen, diese mechanische Mehrheit mit Hilfe des Drucks der öffentlichen Meinung zu stürzen. Daß dies eine rein arithmetische Mehrheit war, zeigte sich übrigens deutlich in jener schicksalsträchtigen Nacht vom 20. auf den 21. August – in einer unvergleichlich schwierigeren und aussichtsloseren Lage, als es die von Mai bis Juli war. Dubček ist allerdings niemals auf den Gedanken gekommen, es auf eine offene Konfrontation und einen radikalen Angriff gegen die Dogmatiker ankommen zu lassen. Er war doch um die „Einheit der Partei" besorgt. Im Mai begann dann also seine Parteiführung dem Druck der dogmatischen „konservativen" Kräfte in gefährlicher Weise nachzugeben.

Der tragische Beweis dieser selbstmörderischen Tendenz war Dubčeks Rede in der Plenarsitzung des ZK am 29. Mai:

„In den letzten Wochen… haben sich die antikommunistischen Tendenzen verstärkt, und einige Elemente versuchen zu aktiveren Formen ihrer Tätigkeit überzugehen… Sollte dieser Strom unobjektiver Kritik weiter anwachsen und dazu auch noch ohne entsprechende Antwort bleiben, könnte dies zu einer Herabwürdigung der Arbeit der Kommunisten führen und all jener, die die Nachkriegsrekonstruktion, die sozialistisch-revolutionären Umwälzungen, die Kollektivierung, die Verstaatlichung und sogar den Februar aufopfernd und redlich zu sichern halfen. Es würde zur Herabwürdigung derjenigen führen, die sich um die bisherigen Erfolge des sozialistischen Aufbaues verdient gemacht haben… Es mangelt auch nicht an erhöhtem Interesse aus den Reihen der feindlich gesinnten Emigration. In letzter Zeit steigert sich auch das Interesse feindlicher Nachrichtendienste für das Geschehen in der Tschechoslowakei. Verschiedene feindliche Nachrichtenagenturen verbreiten verlogene Informationen, Halbwahrheiten und Vermutungen, mit Hilfe derer sie bestrebt sind, die gegenseitigen Beziehungen der sozialistischen Länder zu stören, die Einheit der Partei zu gefährden, die Parteimitglieder und die übrige Bevölkerung zu desorientieren… Es geht darum, den nichtsozialistischen oder gar konterrevolutionären Kräften in keinem Falle Tür und Tor zu öffnen…"

Der neue, zu Hause und im Ausland bewunderte, ja angebetete politische Führer begann sich des Jargons seiner Vorgänger zu bedienen. Er warnte in seiner Rede vor den „Überbleibseln der ausbeuterischen Klasse und vor deren politischen Exponenten", verurteilte den Klub 231, „in dem Leute tätig sind, die zu Recht wegen ihrer staatsfeindlichen Tätigkeit abgeurteilt wurden", er schenkte sich nicht einmal die abgedroschene Phrase, „der Antisowjetismus" sei „die modischste Variante des Antikommunismus", und in erster Linie wetterte er gegen die „bourgeoise Demokratie".

Dubček sprach sich entschieden gegen die Idee des politischen Pluralismus aus und erklärte wortwörtlich:

„Meinungsauseinandersetzungen müssen sich auf ein gemeinsames sozialistisches Programm stützen. Der Garant dieses Programms ist die führende Rolle der Kommunistischen Partei der Tschechoslowakei, weil es kein anderes reelles Programm für den Aufbau des Sozialismus gibt als das marxistische, das von wissenschaftlichen Erkenntnissen ausgeht und die progressivsten sozialen Interessen verficht.

Wir schließen die Möglichkeit aus, daß die Entfaltung der sozialistischen Demokratie hier und heute eine Chance hätte bei der gleichzeitigen Bildung einer oppositionellen politischen Partei, die außerhalb der Nationalen Front stehen würde, da dies ein Weg wäre, der zu erneutem Machtkampf führen würde. Unsere Partei wird mit allen Mitteln gegen diese Bemühungen vorgehen, und zwar deshalb, weil dies unter den heutigen Bedingungen – unabhängig von den Wünschen derer, die diese Anschauungen proklamieren – in einen Versuch münden würde, zunächst die Positionen der KPTsch in der Gesellschaft und schließlich auch die sozialistische Entwicklung zu stürzen."

Dies waren sehr deutliche Worte: Dubček wandte sich hart gegen jegliche Versuche, wirklich demokratische Verhältnisse einzuführen. Die Resolution, die das Plenum verabschiedete, sah auch danach aus:

„... es gibt keinen anderen Weg als denjenigen, auf dem die KPTsch als stärkste organisierte politische Kraft im Lande den ganzen Entwicklungsprozeß führen wird ... Das ZK der KPTsch erklärt sich bereit, sämtliche Kräfte unseres Volkes und der sozialistischen Staaten zu mobilisieren, falls antikommunistische Kräfte versuchen sollten, diese historische Tatsache anzugreifen und die Entwicklung unserer Nationen auf einen anderen Weg irrezuleiten. Einen derartig abenteuerlichen Versuch würden wir zurückweisen und unterdrücken."

Zurückweisen und unterdrücken ... klare Worte. Die KPTsch hat sich in diesem Plenum nicht nur entschlossen, klar zum Ausdruck zu bringen, daß sie beabsichtigt, ihre Monopolmacht mit allen Mitteln zu erhalten – lieber natürlich „mit Unterstützung des Volkes", sollte aber das Volk anderer Ansicht sein, dann eben auch mit Hilfe „der Kräfte des sozialistischen Staates." Darüber hinaus hat das ZK im Grunde beschlossen, das erst einen Monat alte unvollkommene und halbherzige Aktionsprogramm verlangsamt anzugehen.

Was haben all jene bekannten „Reformatoren" dazu gesagt? Fast alle stimmten der Ansicht Dubčeks zu. Seine politische Analyse wurde gutgeheißen, und der Begriff „antikommunistische, antisozialistische Kräfte" wurde bis zum Überdruß wiederholt. Selbst gegen die absoluten Absurditäten hat keiner opponiert. Es hätte genügt, auf Rotchina hinzuweisen, und sofort hätte sich gezeigt, daß Dubčeks These von der Identität des Antisowjetismus und des Antikommunismus ein hanebüchener Unsinn war. Aber keiner hat im Laufe des tschechoslowakischen Frühlings China auch nur erwähnt.

O. Šik konzentrierte sich im Plenum darauf, den Parteiapparat zu verteidigen und ihn reinzuwaschen. Die berechtigte Kritik an falschen Arbeitsmethoden durfte nicht verallgemeinert werden, sondern mußte sich gegen konkrete Einzelpersonen richten. Das heißt: um jeden Preis die Richtigkeit des Systems dadurch zu beweisen, daß seine angeblichen „Deformationen" einer Einzelperson in die Schuhe geschoben werden – ein altes Chruschtschew-Rezept. Also alles in allem weiterhin totalitäre Macht, aber nun mit unserer und nicht mit der alten Führung!

Vereinzelte positive Stimmen, wie z. B. die Rede des Direktors des tschechoslowakischen Fernsehens Jiří Pelikán, der hier die

Journalisten gegen scharfe und aus der Luft gegriffene Beschuldigungen in Schutz nahm, konnten nichts an dieser Tagung ändern, deren Motto der Kampf gegen die „Rechte" war. Und dennoch wird heute noch oft behauptet, daß jener für den September vorbereitete 14. Parteitag ohne die sowjetische Intervention eine grundsätzliche Wende und den Weg zur wirklichen Demokratisierung bedeutet hätte. Diese Behauptung widerspricht allen Erfahrungen, nicht nur dieser Tagung, sondern auch der des im August einberufenen außerordentlichen Parteitages und der Tätigkeit der von diesem Parteitag kooptierten neuen ZK-Mitglieder nach dem August. Es wurde übrigens im Mai für die Vorbereitung des Parteitages eine politische Kommission gewählt, in der auch stumpfsinnige Dogmatiker und später offene Verräter vertreten waren: Bilak, Indra, Jakeš, Kapek, Kolder, Nový, Šalgovič; sie alle waren dazu bestimmt, jenen „historischen Parteitag" vorzubereiten!

Seit Anfang Juni war also klar, daß weitere demokratische Veränderungen im Lande lediglich von unten her durchgesetzt werden könnten, gegen den Widerstand der Parteiführung und des Apparates. In dieser Lage wurde der Versuch gestartet, die bestehenden Verhältnisse unbürokratisch auszuwerten und die Menschen gegen die drohende Gefahr der Reaktion zu mobilisieren. Aufgrund der Initiative einiger Wissenschaftler und aus der Feder des Schriftstellers Ludvík Vaculík wurde am 27. Juni ein Manifest herausgegeben, das den Titel trug: „2000 Worte, gerichtet an die Arbeiter, Landwirte, Wissenschaftler, Künstler und alle anderen".

Nicht im Jargon des politischen Bürokratismus, sondern im Stil eines volkstümlichen Literaten wird hier die wirkliche Grundlage des tschechoslowakischen Frühlings klargestellt:

„Der Erneuerungsprozeß bringt nichts sehr Neues. Er kommt mit Ideen und Anregungen, die meistens älter sind als die Irrtümer unseres Sozialismus, und mit anderen, die unter den sichtbaren Geschehnissen entstanden sind, längst ausgesprochen werden sollten, jedoch unterdrückt worden waren. Wir sollten uns keinen Illusionen hingeben, daß diese Ideen durch die Macht der Wahrheit den Sieg jetzt davontragen werden. Ihren Sieg haben wir eher der Schwäche der alten Führung zu verdanken, die offenbar durch ihre zwanzigjährige Herrschaft, die keiner gehindert hatte, ermüden mußte. Es mußten wohl alle schadhaften

Elemente, die bereits in den Fundamenten und der Ideologie dieses Systems steckten, zu voller Form heranreifen."

Hier also wurde zum erstenmal unverhohlen die Wahrheit über die Grundlagen des kommunistischen Systems, über die Konsequenzen der marxistischen Konzeption ausgesprochen. Ferner wurde die drohende Gefahr zur Sprache gebracht:

„Wir wenden uns an euch in diesem Augenblick der Hoffnung, die jedoch laufend in Gefahr ist ... Wir haben schon so vieles gesagt und enthüllt, daß wir unsere Absicht, dieses Regime menschlicher zu machen, verwirklichen müssen. Sonst wäre die Rache der alten Kräfte grausam. Wir wenden uns in der Hauptsache an jene, die bisher nur abgewartet haben. Die Zeit, die uns bevorsteht, wird für viele Jahre entscheidend sein."

In dem Manifest wurde der Befürchtung Ausdruck verliehen, daß der Erneuerungsprozeß stagniere, und hauptsächlich, daß sich „in der letzten Zeit ausländische Weltmächte in unsere Entwicklung einzumischen beginnen". Unter diesen Umständen ist Solidarität unumgänglich: „Wir müssen unserer Regierung beweisen, daß wir hinter ihr stehen, wenn nötig selbst unter Waffen, falls sie das tun wird, wozu wir ihr unser Mandat verliehen haben." Und am Schluß standen die nahezu prophetischen Worte: „Dieser Frühling geht eben zu Ende und kehrt nicht wieder. Im Winter werden wir wissen, woran wir sind." Daß wir dies bereits mitten im Hochsommer erfahren sollten, hätten damals selbst die größten Pessimisten nicht geglaubt ...

Das Manifest der „2000 Worte" rief ein stürmisches Echo hervor – und beinahe auch eine ernste innerpolitische Krise. Einerseits erhielt die Redaktion der Literární Listy Tausende von Unterschriften, zahlreiche Kundgebungen fanden statt, wo sich alle Anwesenden mit dem Aufruf solidarisch erklärten. Es lag auf der Hand, daß es sich nicht etwa um die Meinung einiger Intellektueller, sondern um weit verbreitete Ansichten der überwiegenden Mehrheit des tschechischen Volkes handelte. – In der Slowakei war der Widerhall des Manifests unvergleichlich schwächer.

Die Dogmatiker begannen ihren Angriff auf das Manifest der „2000 Worte" im Parlament. Generalmajor Samuel Kodaj, der im Dezember offenbar an den Vorbereitungen des militärischen Putsches beteiligt war, verurteilte diese angeblich „offene Aufforderung zur Konterrevolution" und verlangte sogar, „die Staatsanwaltschaft möge sich in diesen Fall einschalten". Wegen seines Radikalismus traf ihn zwar höhnisches Gelächter einiger

Abgeordneter, trotzdem wurde am selben Tage noch eine Proklamation herausgegeben, in der das Parlament, die Regierung und das Präsidium des ZK der KPTsch mit unterschiedlich scharfen Formulierungen diesen „unverantwortlichen Appell" kritisierten. Das Politbüro tat dies sogar „im Namen der Ziele, die die Unterstützung der absoluten Bevölkerungsmehrheit haben", und sprach folgende Drohung aus:

„Die kommunistische Partei wird gegen jegliche Versuche, die Proklamation zu verwirklichen, hart vorgehen, falls diese zur Gründung verschiedener Komitees und Ausschüsse mit politischen Funktionen außerhalb der Nationalen Front und des politischen Systems unserer Gesellschaft führen sollte. Die Kommunisten werden dafür Sorge tragen, daß die Staatsorgane mit allen Mitteln den vollen Schutz und die Einhaltung der gültigen Rechtsordnung aufrechterhalten."

Davon, daß die Kommunisten „die Unterstützung der absoluten Bevölkerungsmehrheit genießen", konnte sich in den folgenden Tagen J. Smrkovský anschaulich überzeugen. Zunächst hatte er gemeinsam mit den anderen das Manifest verurteilt, worauf er von oft so scharf formulierten Protesten überschwemmt wurde, daß er nach einigen Tagen seine Kritik widerrief und sogar sein eigenes Manifest herausgab: „1000 Worte", in dem er bekanntgab, daß er seine gesamte politische Existenz auf der Einheit von drei Idealen aufbaut: Sozialismus, Freiheit, Humanismus.

Von den Ansichten des Volkes zeugt am besten die vom Gewerkschaftsblatt *Práce* veröffentlichte kleine Statistik: gleich in den ersten fünf Tagen gingen in der Redaktion Briefe und Unterschriftsbogen ein, in denen etwa 40 000 Personen ihre Solidarität mit den „2000 Worten" zum Ausdruck brachten und etwa 100 ihre Vorbehalte anmeldeten.

Es schien, als würde das Manifest zur Polarisierung der Meinungen in markanter Weise beitragen und dem Prozeß der Demokratisierung einen neuen mächtigen Impuls verleihen. Es gibt keine Zweifel daran, welchen Ausgang eine öffentliche Diskussion genommen hätte: es zeichnete sich die zweite Etappe des tschechoslowakischen Frühlings ab, in der sich ein tatsächlicher Systemwandel vollzogen hätte und die Fronten sich eindeutig verschoben hätten. Dazu ist es aber nicht mehr gekommen, da jegliche Diskussion zu den innerpolitischen Problemen von den bedrohlichen Stimmen aus dem Ausland übertönt wurde.

IV.

Panzer an den Grenzen

Im Februar 1968 traf sich eine außerordentlich prominente Gesellschaft in Prag. Die Parteichefs aller Staaten des Warschauer Pakts erschienen zu den Feierlichkeiten des 20. Jahrestages des Siegreichen Februar". In einem Privatgespräch gab hierbei Ceaușescu Dubček einen interessanten Rat: „Lassen Sie sich unter keinen Umständen in Debatten über Ihre inneren Probleme mit den anderen ein. Sobald Sie eine solche Debatte beginnen, nimmt diese kein Ende mehr!"

Dubček hat sich aber gleich anderntags nicht an diesen Rat gehalten: er unterbreitete Breschnew den Text seiner Rede, die für die Festsitzung des Plenums des ZK der KPTsch bestimmt war und die er am 24. Februar vorzutragen gedachte. Um Mitternacht vor dieser Sitzung des Plenums ließ Breschnew Dubček rufen und teilte ihm mit, daß ihm seine Rede mißfalle. Falls er die Rede in vorliegender Form zu halten beabsichtigte, würde er, Breschnew, an der Sitzung nicht teilnehmen und nach Moskau zurückkehren.

Es wird vielleicht als Übertreibung klingen, zu sagen, daß in jenem Augenblick die Geschicke unseres ganzen Landes auf dem Spiel standen. Veränderungen welcher Art auch immer konnten nur in einer Konfrontation mit der sowjetischen Führung und mit Hilfe einer aktiven Außenpolitik durchgeführt werden. Ceaușescu hat im richtigen Moment gewarnt. Gerade da hätte Dubček dem sowjetischen Chef höflich, aber klar antworten sollen: ‚Eto naše delo, was ich hier sage, das entscheide ich.' Brechnew wäre weggefahren, und die Lage wäre geklärt gewesen. Die Dubček-Führung wäre augenblicklich zu außenpolitischen Maßnahmen gezwungen gewesen, und zwar nach jugoslawischem oder zumindest nach rumänischem Muster: eine Delegation nach China zu entsenden, die Beziehungen zum Westen zu verbessern und die Welt laut und deutlich wissen zu lassen, daß wir ein friedliebendes Land sind, daß auch wir unsere

Verträge mit den Verbündeten respektieren und treu zu ihnen stehen werden, daß wir unsere Souveränität aber unter allen Umständen verteidigen werden.

Dies von Dubček zu erwarten hätte aber geheißen, Unmögliches zu erwarten. Er, ein Parteifunktionär, erzogen und ausgebildet in der Sowjetunion, hat schon immer – und obgleich es unglaublich klingt, er tut es auch heute noch – den gesamten Fortschritt mit dem Kommunismus und den Kommunismus mit der Sowjetunion identifiziert. Er zögerte keinen Augenblick und änderte seine Rede nach Breschnews Wünschen ab und leitete damit eine mehrere Monate während Politik der Kapitualtion, der Unterhandlungen, Erklärungen, Beschwörungen und schließlich der Resignation ein.

In dieser ganzen Epoche unternahm die Tschechoslowakei keinen einzigen Schritt zur Stärkung ihrer internationalen Position. China blieb nach wie vor der Feind Nr. 1 für uns. Als Tshou En-lai bei irgendeiner Feier in Peking die Sowjetunion scharf kritisierte, konnte der sowjetische Botschafter zum Zeichen des Protests den Saal nicht als erster verlassen, weil ihm der tschechoslowakische Botschafter in seinem Eifer vorausging. Er wurde dafür nicht gerügt, sondern gelobt. Wer könnte sich dann wundern, daß die chinesische Führung bis zum August 1968 die „tschechoslowakischen Revisionisten" ebenso scharf verurteilte wie die sowjetischen?

Ebenso töricht benahm sich die tschechoslowakische Führung gegenüber dem Westen. Als andere osteuropäische Länder bereits dabei waren, ihre Beziehungen zum Westen – naturgemäß zunächst die wirtschaftlichen – auszubauen, erwog die Tschechoslowakei sorgfältig jeden noch so kleinen Schritt und unternahm rein gar nichts, um ihre Beziehungen zum Westen zu verbessern. Es war vor allem die Bundesrepublik Deutschland, die für uns ein verbotenes Gebiet blieb, und die Verleumdungen (Gerüchte über den westdeutschen Imperialismus und Revanchismus verbreitete Dubček ebenso eifrig wie seine Vorgänger) sollten unseren proletarischen Internationalismus unter Beweis stellen.

Im Juli 1968 fragte F. J. Strauß bei seinem Besuch in den USA den damaligen amerikanischen Außenminister Dean Rusk, was die USA zu unternehmen gedächten, wenn die Tschechoslowakei militärisch angegriffen werden sollte. „Was sollen wir denn unternehmen, wenn die Tschechen nichts von uns verlangen?"

lautete die kühle Antwort. Diese Worte waren natürlich eine Ausrede, aber im Prinzip war doch ein Wahrheitskern darin: Sofern einer nicht bereit ist, für sich selbst etwas zu tun, kann er keine Hilfe von anderen erwarten.

Eine der Möglichkeiten, die ausländische Intervention abzuwehren, hätte ein aktiver Auftritt in der UNO darstellen können – einer Organisation, die damals noch nicht ganz im Schlepptau unaufgeklärter Diktatoren oder nützlicher Idioten des internationalen Kommunismus stand. In der Schlußphase des tschechoslowakischen Frühlings, am 18. Juni, stellte anläßlich der von der UNO veranstalteten Pressekonferenz der tschechoslowakische Korrespondent der tschechischen Presseagentur Fragen, die die Tschechoslowakei betrafen. Dies rief ein sehr waches Interesse hervor und weckte den Eindruck, als ob dieser Journalist, den Instruktionen der tschechoslowakischen Regierung folgend, beauftragt war, die UNO an dem damals bereits recht tiefgreifenden Konflikt zwischen der Tschechoslowakei und den fünf Staaten des Warschauer Pakts zu interessieren. Sechs Tage später gab das tschechoslowakische Außenministerium jedoch eine Erklärung ab, in der Bedauern über jene unverantwortliche Handlungsweise unseres Journalisten zum Ausdruck gebracht und in der Hauptsache betont wurde, daß es sich ausschließlich um „innere Probleme" der sozialistischen Länder handle. Falls jemand fest entschlossen ist, Selbstmord zu begehen, ist es meist schwer, ihn davon abzuhalten – dies gilt in vollem Umfang für unsere Außenpolitik im Jahre 1968. Sofern sich jemand über den „Verrat des Westens" beklagt, was die damalige Zeit angeht – und derartige Worte sind im Exil und auch manchmal in der Tschechoslowakei zu hören –, beweist, daß er aus unserem eigenen Versagen keine Lehre gezogen hat. Den Angriff gegen die Freiheits- und Menschenrechtsbewegung in der Tschechoslowakei eröffnete die SED-Führung. Anfang März verurteilte das Ostberliner Politbüromitglied Kurt Hager die angeblichen Bemühungen von J. Smrkovský und die anderer tschechoslowakischer Politiker, „sich bei dem westdeutschen Imperialismus einzuschmeicheln". Die tschechoslowakische Botschaft in Ost-Berlin protestierte, und in der Prager Presse erhielt Hager scharfe Antworten – leider oft übertrieben nationalistisch eingefärbt.

Am 23. März fand ein Treffen der Parteichefs der Warschauer-Pakt-Staaten in Dresden statt. Es kam auf W. Ulbrichts Drängen zustande, der die Entwicklung in der Tschechoslowakei als Gefahr für das gesamte sozialistische System bezeichnete. Ceauşescu lehnte es ab, nach Dresden zu kommen, und sagte auch offen den Grund dafür: Rumänien halte es für falsch, eine derartige „Einschätzung der Lage in einem sozialistischen Land abzugeben". Erneut wurde eine Chance vergeben – Ceauşescus Standpunkt bot sich nahezu zur Nachahmung an. Dubček fuhr selbstverständlich nach Dresden und fand sich da von Anfang an in der hoffnungslosen Defensive. Ulbricht, Gomułka und Breschnew kritisierten die neue tschechoslowakische Führung aufs schärfste.

Nach seiner Rückkehr nach Prag beging Dubček einen weiteren Fehler. Bei Zusammenkünften mit seinen Mitarbeitern und den Journalisten stritt er einfach ab, daß es in Dresden zu irgendwelchen Auseinandersetzungen gekommen war. Was die westliche Presse schrieb, seien sinnlose Gerüchte. „Es gibt keinen Konflikt zwischen uns und den sowjetischen, den deutschen oder den polnischen Genossen. Sie haben uns sogar wirtschaftliche Hilfe versprochen, demnach ist doch alles in bester Ordnung."

Wirtschaftliche Hilfe! Zu jener Zeit waren die Sowjetunion und die übrigen Länder des Ostblocks mit einem Betrag von 11 Milliarden Devisenkronen bei der ČSSR verschuldet, sie stoppten die Kreditzahlungen und begannen einen wirtschaftlichen Druck auf die Tschechoslowakei auszuüben.

Der tschechoslowakische Nachrichtendienst trug später Informationen zusammen, die den Beweis erbrachten, daß bereits Ende März das Oberkommando des Warschauer Pakts (ausschließlich mit Offizieren der UdSSR besetzt) Pläne zur militärischen Okkupation der Tschechoslowakei vorzubereiten begann. Fest steht auch, daß dies nach mehrmaligen Interventionen von W. Ulbricht erfolgt ist, der immer dringlicher auf die Gefahr eines „Zerfalls des sozialistischen Lagers" hinwies.

Zur gleichen Zeit wurde auch eine propagandistische Kampagne gegen die Tschechoslowakei gestartet, scharfe Polemiken in Zeitungen dreier Länder des Warschauer Paktes entfacht – DDR, UdSSR und Polen –, die gegen die tschechoslowakischen Massenmedien zu Felde zogen. Der Mechanismus dieses künstlich hochgespielten Konflikts, war denkbar einfach. Es wurden in der tschechoslowakischen Presse Einzelheiten über die Prozesse der fünfziger Jahre veröffentlicht und der Beweis über die Mitwirkung der „sowjetischen Berater" geliefert. Sofort wurde in Moskau, Ost-Berlin und Warschau zum Angriff geblasen und dies als „Ausdruck des Antisowjetismus" angeprangert. Dieses geflügelte Wort mit -ismus spielte übrigens gleich nach dem Januar 1968 eine sehr wichtige Rolle. Die Tschechoslowakei war neben Bulgarien praktisch das einzige osteuropäische Land, dessen Bevölkerung in Ihrer Mehrheit keinen Haß der UdSSR gegenüber empfand. Bedeutsam war hierbei der Rest des alten Panslawismus. Erst jetzt – infolge des wachsenden Drucks der sowjetischen Führung – begann der wirkliche Antisowjetismus Fuß zu fassen und verstärkte sich begreiflicherweise bis nach dem August 1968.

Die Polemik verschärfte sich noch mehr, als der Chef der politischen Abteilung der sowjetischen Armee, General Alexej Jepischew, auf einer Tagung des ZK der KPdSU erklärte, „die sowjetische Armee sei bereit, in der Tschechoslowakei einzugreifen, falls eine Gruppe treuer Kommunisten den Wunsch äußern würde". Die Nachricht erschien am 7. Mai in *Le Monde* und wurde augenblicklich vom tschechoslowakischen Rundfunk verbreitet. Die sowjetische Botschaft hat wütend dagegen protestiert, lehnte jedoch ab, diese Information zu dementieren, wodurch sie sie im Grunde bestätigte.

Bei zahlreichen Kundgebungen und Versammlungen sowie in Briefen an die Redaktionen der Zeitungen, des Rundfunks und des Fernsehens haben die Menschen gegen Jepischews Drohungen entschieden protestiert. Die *Literární Listy* forderten in einem Artikel die tschechoslowakische Regierung auf, zu diesem Fall öffentlich Stellung zu nehmen, was allerdings nicht geschah. Die Zeitschrift ergänzte die *Le Monde*-Nachricht mit einer weiteren interessanten Information: Nicht nur in der Plenarsitzung des ZK der KPdSU, sondern auch in der politischen Führung Bulgariens wurde die angebliche Notwendigkeit einer „kollektiven militärischen Intervention in der Tschechoslowakei" zur Sprache gebracht.

Am 8. Mai fand in Moskau ein Treffen der Parteichefs der im Entstehen begriffenen „Interventions-Fünf" statt. Am selben Tag begannen sich die in Polen stationierten sowjetischen Einheiten ostentativ auf die tschechoslowakische Grenze zu zu bewegen. Dubček wurde davon informiert; er bezeichnete dennoch die Möglichkeit einer militärischen Intervention in der Tschechoslowakei als völlig absurd. Es handle sich angeblich nur um eine Art „politischen Drucks". Im Gespräch mit einigen Mitarbeitern empörte sich Dubček sogar und rief: „Wie könnt ihr überhaupt davon reden, daß uns unsere brüderlichen sozialistischen Länder militärisch überfallen würden?"

Anfang Mai stellte die Verschiebung der Panzerdivisionen tatsächlich und vorläufig nur ein Mittel des politischen Druckes dar. Gleichzeitig gaben die Sowjets bekannt, sie würden die ihnen von der Tschechoslowakei gewährten Kredite nicht termingerecht zurückzahlen: das Rasseln der Panzerketten sollte nun auch durch wirtschaftlichen Druck ergänzt werden. Daraufhin ereignete sich eine Episode, deren Bedeutung bis heute noch nicht gebührend bewertet wurde. Der sowjetische Premierminister Kossygin reiste ohne vorherige Anmeldung und Vereinbarung in die Tschechoslowakei. Dubček erfuhr dies erst einige Stunden vor Kossygins Ankunft am 17. Mai. Kossygin wollte sich angeblich „nach Karlsbad zur Kur begeben", die Gelegenheit jedoch zu politischen Gesprächen nutzen. Abermals bot sich die Chance an, einen so sonderbaren „Staatsbesuch" abzulehnen. Statt dessen aber fuhren Dubček und Černík und auch andere gehorsam nach Karlsbad – nach Beendigung der Gespräche genas Kossygin urplötzlich und reiste vorzeitig wieder ab.

Das Ergebnis dieser Verhandlungen erwies sich für die weitere Entwicklung als tragisch. Die tschechoslowakische Führung hatte sich da in erster Linie verpflichtet, „die führende Rolle der KPTsch zu festigen" und der „Gefahr von rechts" den Kampf anzusagen. Dadurch wurde der Charakter der bevorstehenden Mai-Plenar-Sitzung der ZK der KPTsch praktisch vorgezeichnet. Ferner versprachen Dubček und die anderen, „die Beziehungen der Tschechoslowakei zum Warschauer Pakt zu verbessern". Die diesbezügliche erste konkrete Maßnahme sollte die unverzügliche Durchführung „der Stabsmanöver des Warschauer Pakts" auf dem Staatsgebiet der Tschechoslowakei werden. Es wurde zwar vereinbart, diese ohne direkte Teilnahme der Einheiten zu Lande durchzuführen. Wenige Tage später jedoch zogen bereits etwa zehntausend sowjetische Soldaten in der Tschechoslowakei ein – die unmittelbare Vorbereitung für die Invasion war damit eingeleitet.

Dafür erhielt die tschechoslowakische Führung von Kossygin angebliche Kompensationen: der außerordentliche Parteitag der KPTsch durfte einberufen, die Mitgliedschaft von A. Novotný in der Partei eingefroren und die wirtschaftliche Reform fortgesetzt werden.

Bereits diese nüchterne Aufzählung der grundlegenden Punkte der Karlsbader Verhandlungen sind ein trauriger Beweis dafür, wie wenig sich Dubček Ceauşescus Warnung zu Herzen genommen hat: die Durchführung ausschließlich innerer Maßnahmen (bald darauf hat Kadár niemanden gefragt und im Prinzip die gleiche Reform durchgeführt) wurde gegen Verpflichtungen eingetauscht, die jede weitere Entwicklung der politischen Struktur beschnitten, ja sogar das Einlassen der sowjetischen Soldaten über die Landesgrenzen guthießen!

Jenes Manöver des Warschauer Pakts ist für die nächsten Monate für die gesamte innenpolitische Lage kennzeichnend geworden, ein Alptraum und eine Drohung, die die politische Führung paralysiert und die Volksmassen radikalisiert hat.

Die ersten sowjetischen Einheiten kamen am 30. Mai in absolutem Widerspruch zu den gültigen Abmachungen. Es stellte sich heraus, daß bereits einen Tag zuvor eine Gruppe sowjetischer „Sicherheitsfachleute" eingetroffen war, die ohne Wissen der politischen Führung von der Hauptverwaltung des Staatssicherheitsdienstes eingeladen worden war, genauer gesagt von zwei Abteilungen dieser Behörde. Diese „Fachleute" organisierten nun die Landung von zehn Riesenflugzeugen des Typs Antonov auf dem Flughafen in Milovice bei Nymburk. In Prag wurde kein Mensch davon informiert, angeblich deswegen, weil der Verteidigungsminister Martin Dzúr gerade an einer Herzschwäche litt und ins Krankenhaus überführt werden mußte.

Während der gerade stattfindenden Tagung des ZK fiel über die vorbereiteten Manöver kein Wort, bis plötzlich alarmierende Nachrichten der Ortsparteiorganisation aus Nymburk eintrafen. Erst dann gab Dubček die Erklärung ab, er habe die Durchführung der Manöver Kossygin in Karlsbad versprochen – auch jetzt informierte er lediglich das Präsidium und nicht das gesamte Zentralkomitee. Die tschechoslowakische Militäreinheit in Mladá bei Milovice verweigerte für eine Weile den Gehorsam, lehnte es ab, mit den sowjetischen Einheiten zusammenzuarbeiten, und erst nach dringlichen Befehlen des Generalstabs konnten die Manöver ihren normalen Lauf nehmen. Kurz darauf folgte aber ein weiteres schwerwiegendes Ereignis: Die tschechoslowakische „Spionageabwehr" hörte einige Gespräche ab, die bei den Beratungen der sowjetischen Befehlshaber geführt wurden – unter anderem auch den Ausspruch von Marschall Jakubowski, der den sowjetischen Generälen bekanntgab, daß „die sowjetischen Einheiten auf dem Staatsgebiet der Tschechoslowakei bis mindestens 20. September" verweilen würden – und dann werde man weitersehen. Erst viele Tage später raffte sich Dubček zu einer Art Auflehnung auf: er teilte dem sowjetischen Premier Kossygin mit, daß durch die vorgesehene Aufenthaltsdauer der sowjetischen Einheiten und durch den Nachschub der Armee-Einheiten zu Lande ihre Karlsbader „Vereinbarung ernsthaft gefährdet" sei, und forderte den Abzug der Truppen hinter die tschechoslowakischen Grenzen. Zu diesem Thema entstand nun ein Hin und Her, das ganze Wochen andauerte. Ende Juni teilte dann Marschall Jakubowski mit, „der Abzug der Truppen werde am 30. Juni eingeleitet", aber nichts rührte sich. Einige sowjetische Truppenteile wurden für drei, vier Tage um ein paar Kilometer verschoben, sie blieben aber weiterhin auf tschechoslowakischem Territorium. Angeblich gab es nicht genug Waggons für deren Verladung. Ich besuchte damals in meiner Eigenschaft als Journalist den stellvertretenden Verkehrsminister und veröffentlichte in der Presse seine Äußerungen:

Den sowjetischen Truppen wurde eine unbegrenzte Anzahl von Eisenbahnwaggons zur Verfügung gestellt, die Kommandeure der sowjetischen Truppen haben die Angebote jedoch unbeantwortet gelassen und die bereits bereitgestellten Waggons in den Bahnhöfen einfach ignoriert.

Einige Wochen lang herrschte als Folge dieser Manöver eine äußerst erregte Stimmung im Lande. Die dogmatischen Kräfte ahnten ihre große Chance. Es zirkulierten Flugblätter mit „Grüßen an die sowjetischen Armee-Einheiten", in denen geschrieben stand: „Wen stören eigentlich die sowjetischen Soldaten, die uns aus dem Hitler-Joch befreit haben? Das tschechoslowakische Volk sicher nicht, dafür aber eine Handvoll Konterrevolutionäre, die eine gewaltsame Wende der Verhältnisse, die Zerschlagung des Sozialismus, vorbereiten."

Am 19. Juni versammelte sich ein Aktionskomitee der „Volksmilizen", und es wurde eine „Grußadresse an das sowjetische Volk" entsandt. Diese Stimmen repräsentierten aber nur eine Handvoll der von den riesigen Volksmassen isolierten Einzelpersonen. Die Mehrheit protestierte entschieden, und im Juli waren die Proteste bereits so mächtig, daß sich die sowjetische Führung doch entschloß, den Rückzug anzutreten: der letzte sowjetische Soldat verließ das Gebiet der Tschechoslowakei am

5. August. Am selben Tag jedoch begann ein neues Manöver, diesmal an der Westgrenze der Sowjetunion.

Zwei Fragen sind von außerordentlicher Bedeutung für die Bewertung der letzten Etappe des tschechoslowakischen Frühlings: Sollten jene „Stabsmanöver" ursprünglich den Anfang für die Besetzung der Tschechoslowakei darstellen? Falls ja, warum hat die sowjetische Führung zum Schluß dennoch nachgegeben – und warum wurde die Invasion erst nach dem Rückzug der am Manöver beteiligten Truppen durchgeführt?

Die erste Frage wird wohl niemals genau beantwortet werden können. Die von den tschechoslowakischen Militärbehörden damals zusammengetragenen Informationen liefern den klaren Beweis, daß das Manöver wichtige militärische Aufgaben erfüllt hat: Ausspähen des Geländes und die Vorbereitung auf einen eventuellen Kampf tief im Inneren des tschechoslowakischen Staatsgebietes. Außerdem war der psychologische Druck von großer Bedeutung.

Wieso haben dann aber die Sowjets ihre Truppen nicht zur Eröffnung der Invasion genutzt oder zu eventuellen Provokationen, die dem Ganzen einen Anstrich von Berechtigung gegeben hätten? Diese zweite Frage kann eindeutig beantwortet werden: Eine Invasion zur Zeit des Manövers und in den darauffolgenden Wochen – bis zum endgültigen Abzug auch des letzten sowjetischen Soldaten – wäre gleichbedeutend mit einem unabwendbaren Waffenkonflikt gewesen. Damals hätte die tschechoslowakische Armee nämlich gekämpft – eventuell auch ohne Rücksicht auf die Stellungnahme der politischen Führung.

Die sowjetische Führung mußte vor der Invasion zwei wichtige Bedingungen erfüllen: durch den auf den Kommandostab der tschechoslowakischen Armee ausgeübten Druck deren Abwehrbereitschaft erschweren und zweitens mit Hilfe des Mißbrauchs des Warschauer Pakts eine Dislokation der tschechoslowakischen Armee erreichen, die einen Abwehrkampf technisch unmöglich machen würde. Beide Aufgaben erfüllte die sowjetische Führung vorzüglich, aber nicht rechtzeitig genug, um die Invasion noch vor dem 3. August durchführen zu können.

Wie sah die Lage im Oberkommando der tschechoslowakischen Armee vor dem August 1968 aus? Auf ihren Oberbefehlshaber – den Präsidenten der Republik – konnte sich die sowjetische Führung selbstverständlich verlassen. Der Verteidigungsminister Dzúr war eine Null, mit der man gar nicht erst zu rechnen brauchte. Die wichtigen Posten im Generalstab waren von sowjetischen Agenten besetzt. Allerdings gab es sowohl im Generalstab als auch im Verteidigungsministerium eine Gruppe, die gehandelt hätte, falls es zu einer Krise gekommen wäre. An der Spitze dieser Gruppe stand General Václav Prchlík. Eine wichtige Rolle konnte auch der Kommandeur des größten westlichen Armeebereichs, General Procházka spielen.

Diese Gruppe fortschrittlich gesinnter Offiziere hatte auch in der Weihnachtszeit den Putschversuch verhindert. Jetzt hätte sie mit an Sicherheit grenzender Wahrscheinlichkeit die Armee zur Verteidigung des tschechoslowakischen Staatsgebietes geführt.

General Václav Prchlík, Mitglied des ZK der KPTsch, wurde bei den sowjetischen Bemühungen, die tschechoslowakische Armee zu „neutralisieren", plötzlich zur Schlüsselfigur. Es war bekannt, daß Prchlík absolut konsequent seine Ansicht vertrat, daß die tschechoslowakische Armee unser Staatsgebiet unter allen Umständen und gegen jeden beliebigen Angreifer zu verteidigen habe. Im Juni unterbreitete er der politischen Führung Vorschläge, die auf Änderungen innerhalb des Warschauer Pakts gerichtet waren. Darin verlangte er, daß der Führungsstab dieses Pakts, ebenso wie bei der NATO, aus Offizieren der verschiedenen Länder zusammengesetzt werden müsse, während bis dahin immer nur sowjetische Armeechefs darin vertreten waren (und immer noch sind!), die übrigen Länder dagegen nur ihre Verbindungsoffiziere dabei hatten. Die Tatsache, daß Prchlík auf einer Pressekonferenz über seine Vorschläge gesprochen hatte, wurde 1971 zum Vorwand genommen, ihn zu verhaften und für zweieinhalb Jahre ins Gefängnis zu werfen. Dabei wurde ein recht spaßiger Paragraph bemüht: er wurde für „die Behinderung der Nationalräte und anderer Institutionen" angeklagt; die Armee gehörte den „anderen Institutionen" an, und die Behinderung derselben bestand darin, daß er die Zusammensetzung des Führungsstabs des Warschauer Pakts öffentlich zur Sprache gebracht hatte!

Im Juli nutzten die Sowjets Prchlíks Auftritte in der Öffentlichkeit zu einer heftigen Kampagne gegen ihn aus und schließlich zur kategorischen Forderung, ihn zu entfernen.

Dubčeks Führung gab noch vor dem Treffen in Čierna a. d. Teiß nach, und Prchlík wurde am 27. Juli aus seiner Funktion abberufen. Er wurde so zum ersten Opfer der Säuberungen, die nach und nach alle Mitarbeiter Dubčeks trafen, zuletzt dann Dubček selbst.

Die zweite Aufgabe haben die Sowjets mit typisch asiatischer Hinterlistigkeit erfüllt: Mitte Juli erhielt die tschechoslowakische Armee einen Geheimbefehl, in dem behauptet wurde, daß das „tschechoslowakische Staatsgebiet unmittelbar von der Bundeswehr und den NATO-Einheiten in Bayern bedroht werde". Den Vorwand dafür lieferte das NATO-Manöver, das in der Bundesrepublik durchgeführt werden sollte. Die tschechoslowakische Armee erhielt den Befehl „die Grenze zu Westdeutschland dicht zu besetzen und damit die Verteidigung der Tschechoslowakischen Sozialistischen Republik und des gesamten sozialistischen Lagers sicherzustellen". Es folgten präzise Befehle für die Umgruppierung der einzelnen tschechoslowakischen Divisionen.

Zu jener Zeit war die Reaktion der tschechoslowakischen Führung für das Schicksal des ganzen Landes entscheidend. Es war A. Dubček, der darauf drang, diesen Befehl zu befolgen. Er konnte sich immer noch nicht vorstellen, daß uns „ein brüderliches sozialistisches Land überfallen könnte".

Durch die Befolgung des Befehls sollten wir „unsere Treue der sowjetischen Genossen gegenüber beweisen – und dann könne uns ja nichts mehr passieren"! Die maximale Konzession, die der damals noch nicht geschlagenen Prchlík-Gruppe gelang, war die Verlangsamung der Truppenverschiebungen und die daran geknüpfte Bedingung des Abzugs der sowjetischen Soldaten nach jenem „Stabsmanöver". Die Sowjets mußten also ihre Einheiten zurückziehen, damit man ihre Forderung erfüllen konnte. Bei ihrem Rückzug haben sie wenig verloren (zehntausend Soldaten hätten im Falle eines Konflikts keine große Rolle gespielt) und alles gewonnen: sie konnten nun berechtigterweise fest damit rechnen, die Tschechoslowakei ohne bewaffnete Gegenwehr zu besetzen.

Alle Divisionen der tschechoslowakischen Armee, mit einer einzigen Ausnahme – sie war sozusagen die strategische Reserve gegen die bösen westdeutschen Imperialisten –, konzentrierten sich nahe der bayrischen Grenze, und an der Ostgrenze des Landes blieb kein einziger Soldat mehr übrig. Das ist keine Übertreibung, sondern eine Tatsache, von der eine in der Geschichte wahrhaftig einmalige Episode zeugt: Als am Spätabend des 20. August – also fünf Tage, nachdem jenes geniale Manöver der tschechoslowakischen Armee beendet war – sowjetische Einheiten die Grenzen unseres Landes überschritten, kamen die ersten Nachrichten von Zivilisten aus Nordböhmen, die diese Schrekkensbotschaft an den tschechoslowakischen Rundfunk und das ZK der KPTsch für eigenes Geld weitergaben. Es gab keine Militärstelle, die ihre Kommandantur hätte davon informieren können, daß wir überfallen wurden ...

Die Entscheidung, jenen hinterlistigen Befehl des Warschauer Pakts zu erfüllen, bedeutete praktisch, die gesamten Hoffnungen des tschechoslowakischen Frühlings zu begraben. Die Frage ist, ob man etwas anderes hätte tun können. „Die einzige Alternative wäre die körperliche Vernichtung unserer Nationen gewesen" – behaupteten nach dem August die für die ehrlose Kapitulation verantwortlichen Politiker.

Zum zweitenmal in fünfzig Jahren des Bestehens des tschechoslowakischen Staates haben wir ohne einen einzigen Schuß kapituliert und uns selbst mit der Behauptung zu rechtfertigen versucht, wir hätten das Leben von Millionen Menschen gerettet. Die Kapitulation 1938 führte zum zweiten Weltkrieg. Später haben die Historiker festgestellt, daß dieser Krieg historisch nicht unvermeidbar gewesen ist. Das Hitler-Regime war 1938 noch nicht voll für den Krieg gerüstet. Es fehlte die Bewaffnung – und außerdem auch die außenpolitische Situation, die sich erst nach dem Stalin-Hitler-Pakt im August 1939 ergab. Innerhalb der Wehrmacht gab es eine starke Opposition gegen die Kriegspläne, die nur auf ihre Chance gewartet hatte. Heute kann niemand mehr sagen, wie sich die Lage 1938 weiterentwickelt hätte, wenn unsere Armee damals den Schießbefehl gegen jeden beliebigen Angreifer bekommen hätte.

Demgegenüber wissen wir genau, was geschehen wäre, wenn wir im August 1968 abgelehnt hätten, das Feld zu räumen: Die Sowjets hätten einen militärischen Konflikt nicht gewagt. Sie hätten sich wirtschaftlicher Druckmittel bedient; eine Wirtschaftsblockade (der Lieferstopp für Erdöl war eine wirksame Drohung!) wäre gestartet worden, offene Verräter in der Armee aktiviert, ebenso in der Volksmiliz, im Staatssicherheitsdienst. Sie hätten sich auf die Vorbereitung von Provokationen, inneren Unruhen, eventuell auf einen Putsch konzentriert. Auch in dem Falle hätten wir schwere Zeiten durchzustehen gehabt, und ich wage nicht zu behaupten, daß uns mit jener schwachen Führung echte Erfolgschancen für eine positive Weiterentwicklung beschieden gewesen wären. Vielleicht hätte Dubček selbst Panzer gegen das Volk losgeschickt, ein halbes oder ein Jahr später, wenn es um die Entscheidung Herrschaft einer einzigen Partei oder politischer Pluralismus gegangen wäre.

Es steht jedoch fest, daß es im Sommer 1968 zu keiner Militärinvasion gekommen wäre. Wir erfuhren dies wenige Monate später auf eine recht interessante Art. Im Januar 1969 weilte eine Abordnung der Kommunistischen Partei Italiens in Moskau, die mit der KPdSU einen neuen Vertrag über gemeinsame Zusammenarbeit unterzeichnete. In einem vertraulichen Gespräch mit zwei Mitgliedern dieser Delegation enthüllte der Premierminister Kossygin einige Geheimnisse über die Entscheidung für eine Invasion in der Tschechoslowakei. Er wollte sich vor den italienischen Genossen wohl rechtfertigen, also berichtete er detailliert über die Abschlußtagung des sowjetischen Politbüros in der Nacht vom 16. auf den 17. August. Bei der Abstimmung stimmten von den neun Anwesenden (zwei fehlten) drei gegen ein Eingreifen des Militärs: Kossygin, Scheljepin und Mazurow. Der Chefideologe Suslow hat sich der Stimme enthalten, und die Mehrheit der fünf Stimmen – darunter auch Breschnew – hat unser Schicksal besiegelt. Die Gerüchte, die besagten, daß Breschnew eine Intervention verhindern wollte, wie mehrfach im *Spiegel* veröffentlicht wurde, sind also falsch. Kossygin betonte, daß bei jener Abstimmung zur Bildung der Mehrheit die Feststellung ausschlaggebend war, daß mit einem bewaffneten Widerstand nicht zu rechnen sei.

Eines der Mitglieder der italienischen Delegation, mit Namen Tossi, machte bei seinem Rückflug aus Moskau einen Umweg über Prag und informierte Anfang Februar 1969 einige mittlerweile kaltgestellte Politiker über den Inhalt des mit Kossygin geführten Gesprächs.

Daß die Sowjetunion im August 1968 im empfindlichen Raum von Mitteleuropa einen Krieg niemals riskiert hätte, das hatten wir vor dem August nur geahnt. Ein Krieg hätte eine „wirtschaftliche Zusammenarbeit mit dem Westen langfristig blockiert oder gar unmöglich gemacht, die für die Sowjetunion damals schon (zum Unterschied von 1956!) ein lebenswichtiger Bestandteil ihrer globalen Strategie geworden war. Ein Krieg hätte auch mit allerhöchster Wahrscheinlichkeit die internationale kommunistische Bewegung ruiniert.

Diejenigen also, die vor dem August Maßnahmen zur Verteidigung der Republik gefordert hatten, waren alles andere als blutdürstige Abenteurer oder Phantasten, die einen Krieg gegen eine europäische Supermacht gewinnen wollten. Es gab damals eine in der Prager Militärakademie ausgearbeitete Analyse, die den Beweis lieferte, daß militärischer Widerstand etwa zehn Tage und nicht länger möglich wäre. Aber gerade jene zehn Tage eines offenen bewaffneten Konflikts hätte sich die Sowjetunion nicht leisten können. Im Politbüro hatte sich jedoch kein einziges Mitglied dieses alles entscheidenden Organs gefunden, das entschieden für die Verteidigung und gegen die Kapitulation plädiert hätte. Das Scheitern des tschechoslowakischen Frühlings war also, historisch gesehen, nicht absolut unabwendbar. Es wurde vielmehr von einer mangelnden Entschlossenheit, der Unfähigkeit der Führung und durch die unwürdige Kapitulation vor den sowjetischen Forderungen ausgelöst. Ceauşescu hätte an Dubčeks Stelle garantiert anders gehandelt – er hat dies in seiner Rede in Bukarest am 22. August bewiesen und insbesondere durch eine erweiterte Mobilmachung gegen eine mögliche Ausweitung des sowjetischen Angriffs bekräftigt. Ceauşescu ist aber, innenpolitisch gesehen, der Typ eines unaufgeklärten Diktators. Also hat der Mensch unter den kommunistischen Politikern wirklich keine Wahl!

Es besteht heute kein Zweifel mehr daran, daß unser kurzer Traum infolge der Entscheidung, den Befehl des Warschauer Pakts zu befolgen, zerstört worden ist. Das, was dann noch folgte, war praktisch nichts weiter als eine psychologische Vorbereitung.

In erster Linie hat Breschnew mit seinen Leuten – alle damals bereits fest entschlossen, eine Intervention durchzuführen – versucht, Dubčeks Führungsspitze zu spalten, durch die geheuchelte Bereitwilligkeit, Gespräche zu führen und eine Konzessionsbereitschaft vorzutäuschen. Der erste Schritt dazu hätte beim Treffen gemacht werden sollen, das Mitte Juli nach Warschau einberufen worden war. Am 7. Juli bekam die KPTsch in ultimativem Stil verfaßte Briefe der fünf Mitgliedstaaten, in denen sie zur Teilnahme an dem Treffen und zur Besprechung schwerwiegender die Tschechoslowakei betreffender Fragen aufgefordert wurde. Innerhalb der politischen Führung kam es zu einem regelrechten Kampf darum, wer nun nach Warschau fahren solle und wer nicht. Eine wichtige Rolle spielte hierbei die eben in Prag stattfindende Prager Konferenz der KPTsch, in der

J. Smrkovský dieses Problem zur Sprache brachte. Die Delegierten verurteilten dann einstimmig den Versuch, sich in unsere inneren Angelegenheiten einzumischen, sie warnten vor dem „jugoslawischen Konflikt" und sprachen sich gegen eine Reise nach Warschau aus. Angesichts dessen entschied auch die Politbüromehrheit am 8. Juli, daß die KPTsch an dem Treffen in Warschau nicht teilnehmen und statt dessen „bilaterale Verhandlungen" fordern werde.

Vom Warschauer Treffen kam ein gemeinsamer Brief der „Fünf", in dem die grobe Einmischung in die inneren Angelegenheiten bereits unverhohlen zum Ausdruck kam. Abschließend waren darin konkrete Forderungen enthalten: Kampf zu führen gegen „Rechtsorientierte und antisozialistische Kräfte durch die Mobilmachung aller vom sozialistischen Staat geschaffenen Verteidigungsmittel". Das hieß mit anderen Worten: verhaften, einsperren, verbieten, anordnen. „Sämtliche politischen Organisationen einstellen, die gegen den Sozialismus agieren." „Die Partei soll die Massenmedien – Presse, Funk und Fernsehen – zurückgewinnen und diese zugunsten der Arbeiterklasse, aller Werktätigen und des Sozialismus einsetzen…"

Die Forderung der „Fünf" war also klar: die totalitäre Diktatur in vollem Umfang wieder einsetzen. Im Lande erhob sich eine Woge des entrüsteten Widerstandes. Alle Kulturorganisationen, Studenten- und Jugendverbände, Gewerkschafts-, ja sogar Parteiorganisationen gaben außerordentlich radikale Proklamationen ab. Die *Literární Listy* besprachen die „brutale Einstellung" der fünf Länder: „Im Augenblick gibt sich kein Mensch in der Tschechoslowakei irgendwelchen Illusionen hin, daß die Autoren des Warschauer Briefes die Realität bald einsehen und ihren Irrtum erkennen werden. Um so eher, da es wohl von ihrer Seite kein Irrtum war."

Die unerwartet heftige Empörung der öffentlichen Meinung hat selbst die Dogmatiker in der Führung zum Rückzug gezwungen. Die „Warschauer Fünf" wollte sie offenbar endgültig gegen Dubček aufhetzen. Die Antwort der ZK der KPTsch war an sich würdevoll – obwohl man Ceaușescus Prinzip wieder einmal mißachtet hatte –, nämlich Erklärungen, Widerlegungen und Beteuerungen. Wichtig jedoch war, daß die Bedrohung, die aus der absoluten nationalen Einheit gegenüber dem Vorgehen der „Fünf" ausging, die sowjetische Führung zu einem weiteren – wenngleich letzten – Kompromiß gezwungen hat: sie stimmte den tschechoslowakischen Forderungen zu, die gegenseitigen Unstimmigkeiten durch bilaterale Verhandlungen aus dem Wege zu räumen, und zwar auf tschechoslowakischem Staatsgebiet.

Es war allerdings der äußerste Zipfel des tschechoslowakischen Staatsgebietes – Čierná a. d. Teiß. Einige hundert Meter von Čierná standen die Posten einer ganzen sowjetischen Division bereit, ihre Führung „zu schützen". Später wurde festgestellt, daß die Agenten des NKWD auf raffinierte Art und Weise Abhörgeräte eingebaut hatten und daß auch sämtliche Telefonleitungen von Čierna angezapft worden waren. An den Verhandlungen nahmen die gesamten Politbüros teil – außer zwei entschuldigten Mitgliedern des Moskauer Präsidiums.

Am 29. Juli eröffnete Breschnew die Verhandlungen mit einer vierstündigen Rede, in der er durch Zahl und Schärfe an Invektiven alles übertraf, was im sozialistischen Lager in den letzten zwei Jahrzehnten an gegenseitigen Beschuldigungen jemals ausgesprochen worden war. Dadurch wurde die tschechoslowakische Delegation augenblicklich in die Defensive gedrängt – und Dubček hat erneut seine „Erklärungen" abgeleiert.

Am Tag darauf spitzte sich die Lage noch zu. Vor der Eröffnung erhielt die tschechoslowakische Delegation die Nachricht über den den Sowjets offenbar auf Bestellung geschickten „Brief der 99 Arbeiter aus dem Betrieb Praga". Dieser Brief war in dem bereits erwähnten Liebener Sekretariat von J. Jodas ausgearbeitet worden, und die „sowjetischen Genossen" wurden darin praktisch um Hilfe im „Kampf gegen die Konterrevolution" gebeten. Der Brief hatte in erster Linie im Betrieb selbst eine enorme Empörung hervorgerufen, und seine Signatare wurden später als unter brutalem Terror leidende Helden gefeiert.

Am Vormittag kam es schließlich zu erregten Szenen, wobei die vorgesehene Tagesordnung völlig mißachtet wurde und unter den Delegierten einer über den anderen sprach. P. Šelest beschimpfte in der Diskussion Kriegel aufs gröbste und bezeichnete ihn als einen „galizischen Juden". Dies war selbst für Dubček zuviel, er schlug mit der Faust auf den Tisch und schrie russisch: „Genossen, ihr wollt doch wohl nicht versuchen, aus uns allen Schurken zu machen!"

Beim Mittagessen – das begreiflicherweise getrennt eingenommen wurde, wobei die sowjetische Delegation in einem gepanzerten Sonderwaggon weilte, der mit schußsicherem Fensterglas versehen war – wurde in der tschechoslowakischen Delegation über einen unvermeidlichen Bruch gesprochen. Im selben Moment erschienen unverhofft drei Mitglieder der sowjetischen Delegation, die auf die Tschechen sehr beschwichtigend einredeten: „Davajte, dogovorimsja" (Kommt, wir wollen uns einigen!), war ihr Tenor.

Es geht daraus hervor, daß die sowjetische Führung einen vollkommenen Bruch nicht wünschte. Es gab dafür zwei Gründe: einmal waren die militärischen Vorbereitungsarbeiten noch nicht beendet, und zum zweiten wurden zu Beginn der Verhandlungen zwei scharf formulierte Briefe von Tito und Ceauşescu an Breschnew zugestellt, wobei im letzteren nahezu beleidigende Formulierungen enthalten waren. Tito sollte ursprünglich am 31. Juli zu einem Besuch nach Prag kommen. Dieser Besuch mußte jetzt von Tag zu Tag verschoben werden, weil sich die Gespräche in Čierná a. d. Teiß wider Erwarten in die Länge zogen.

Erst am 31. Juli wurde bei einem Treffen von drei Mitgliedern der sowjetischen Führungsspitze und drei Vertretern des tschechoslowakischen Politbüros eine Art Kompromiß erreicht. Der tags zuvor eingegangene Brief der 18 westlichen kommunistischen Parteien hat wohl Breschnew dazu bewogen, sich vorübergehend etwas friedfertiger zu geben. In dem Brief war die Drohung enthalten, daß die Signatare dieses Briefes eine Tagung einzuberufen beabsichtigten, auf der die Handlungsweise der „Fünf" verurteilt werden würde.

Am letzten Verhandlungstag, am 1. August, versprach die tschechoslowakische Seite, „die Verbreitung antisozialistische Tendenzen nicht zuzulassen", die sozialdemokratische Partei nicht wieder aufleben zu lassen und die Tätigkeit des Klubs engagierter Parteiloser und den Klub 231 einzuschränken. Die Sowjets ihrerseits versprachen wiederum eine stille Annullierung des Warschauer Briefes, und es wurde sogar eine wirtschaftliche Kreditmöglichkeit zur Sprache gebracht. Die Gegensätze hinsichtlich der Reglementierung der Presse konnten nicht ausgeräumt werden: die Sowjets forderten eine erneute strenge Zensur; Dubček und seine Kollegen waren aber höchstens geneigt, eine Art politischen Druck auf die Presse auszuüben. Durch Zufall ist es zu neuen „Pressezwischenfällen" gekommen, und das am Vortag: Die *Literární Listy* brachten an jenem Tag eine Ulbricht-Karikatur und die Zeitschrift *Reportér* die Zeichnung eines russischen Soldaten zu Pferd mit der Unterschrift „Nata-

scha, ich muß zum Manöver und weiß nicht, wann ich wieder-
komme."

Der ZK-Sekretär Z. Mlynář* wurde von Panik ergriffen und
forderte den Innenminister auf, einzugreifen und beide Zeitschriften zu konfiszieren – was die Einstellung der „Reformatoren" zur Frage der Pressefreiheit ziemlich anschaulich domu-
mentiert. Zum Glück hat Minister Pavel einen Eingriff
abgelehnt. In Čierná fing Breschnew erneut zu toben an; Dubček
jedoch zeigte ihm das *Neue Deutschland* vom selben Tag, in dem
eine scharfe Kritik der tschechoslowakischen Politik der KPTsch
veröffentlicht war.

In einem nichtssagenden Kommuniqué wurde mitgeteilt, daß
es am 3. August in Preßburg zu einem Gipfeltreffen kommen
solle, an dem sich sechs Mitgliedsländer des Warschauer Pakts
beteiligen würden. Rumänien ist auch diesmal abseits geblieben.
Bereits diese Tatsache hat in Prag Mißstimmung, Befürchtungen,
ja sogar Zorn hervorgerufen. All diese Stimmungen steigerten
sich noch mehr, als der Text des Kommuniqués aus Preßburg veröffentlicht wurde: „Stärkung des Kampfes gegen den Imperialismus … unbarmherziger Kampf gegen die bourgeoise Ideologie,
gegen sämtliche antisozialistischen Kräfte … Widerstand gegen
imperialistische Angriffe … Wachsamkeit gegen jegliche Bestrebungen des Imperialismus und alle antikommunistischen Kräfte,
gegen Aktivierung der revanchistischen Kräfte, der des Militaris-
mus und Neonazismus in Westdeutschland, gegen die aggressive
Politik der herrschenden Kreise Israels, gegen den Eintritt des
revanchistischen Westdeutschland in den aggressiven imperialistischen Block der NATO …" Wie konnte man nur einen sol-
chen Haufen Dummheiten, Phrasen, Lügen und Widersprüche
unterzeichnen, fragten wir uns damals in Prag.

Die Treffen in Čierná und Preßburg haben die öffentliche
Meinung in der Tschechoslowakei nicht zu beruhigen vermocht,
im Gegenteil: sie wühlten sie nur auf. Es kam zu Demonstrationen und Protesten. Viele Menschen waren fest davon überzeugt,
daß ein entschlossenes Auftreten und ein Widerstand gegen die
sich abzeichnende Kapitulation die „Nachjanuarpolitik" noch
retten könne. Der Besuch von Marschall Tito, der endlich am
9. August zustande kam, verwandelte sich in eine enorme Manifestation der Einheit gegen die sowjetische imperialistische Poli-

---

* Seit dem Sommer 1977 in Wien im Exil.

tik. Drei Tage später wurde Walter Ulbricht in Karlsbad mit eisigem Schweigen „begrüßt" – die angetretene Wacheinheit weigerte sich sogar, ihn mit Hurrarufen zu empfangen. Am 15. August kam Ceauşescu nach Prag, erneut erfolgte eine stürmische Demonstration ihm zu Ehren. Es wurde ein Freundschaftsvertrag zwischen Rumänien und der Tschechoslowakei unterzeichnet, und tags darauf startete die sowjetische Presse, allen in Čierná getroffenen Abmachungen zum Trotz, eine heftige Propagandakampagne. Die tschechoslowakischen Journalisten haben augenblicklich reagiert, sie antworteten reserviert, aber eindeutig. Die „Vereinbarung" aus Čierná, die Dubček nach seiner Rückkehr optimistisch als „Verhandlung, die einen großen positiven Einfluß auf die internationale kommunistische Bewegung haben wird ... und die uns weiteren Raum für die Fortentwicklung unseres Demokratisierungsprozesses gewährt", bezeichnete, galt nicht mehr.

Am 17. August fand ein Treffen Dubček–Kádár in Komárno, direkt an der ungarischen Grenze, statt, aber noch auf tschechoslowakischem Staatsgebiet. Kádár hatte dieses Treffen angeregt. Es dauerte einige Stunden. Dubček kehrte nach Prag zurück und berichtete etwas sehr Sonderbares: er begreife überhaupt nicht, wozu ihn Kádár zu diesem geheimen Treffen aufgefordert hatte. Im Prinzip habe es gar nichts ergeben, er habe „die ganze Zeit den Eindruck gehabt, Kádár wollte ihm offensichtlich irgend etwas sagen, tat es dann aber doch nicht". Bald sollte auch Dubček begriffen haben: Kádár hatte ihn an jenem Tage schlicht und einfach verraten: er wußte um die Interventionspläne, wagte sie jedoch nicht zu erwähnen, obwohl sie ihm gegen den Strich gingen. Hätte er gesprochen, vielleicht hätte noch etwas unternommen werden können: Alarm in der UNO, eine schnelle – wenigstens symbolische – Verschiebung einiger Truppeneinheiten, die uns zu jenem Zeitpunkt vor der „Gefahr des westdeutschen Imperialismus" schützen sollten, ein Appell an die Weltöffentlichkeit. Kádár schwieg, sein Verrat wurde höchstwahrscheinlich von seinen Angstgefühlen hervorgerufen und hatte also einen anderen Anstrich als das charakterlose, verbrecherische Auftreten von Walter Ulbricht fünf Tage zuvor in Karlsbad. Gerade er, der am intensivsten darauf gedrängt hatte, die Tschechoslowakei sofort zu besetzen, schüttelte in Karlsbad Dubček die Hand und versicherte ihn seiner unsterblichen Freundschaftsgefühle: „Jetzt bin ich beruhigt. Ich sehe, Sie sind auf dem richtigen Weg angelangt, also kann ich auf die Krim in Urlaub fahren." Dieser Ausspruch Walter Ulbrichts möge für ewig in die Annalen der historischen Betrüge und charakterlosen Infamie eingehen! Den naiven Dubček hatte dies tatsächlich davon überzeugt, daß keine Gefahr mehr drohe. Da doch Ulbricht seelenruhig auf die Krim führe, was konnte da noch geschehen?

Am Tage des Dubček-Kádár-Treffens sollte in Prag eine Pressekonferenz und ein Gespräch mit den führenden Journalisten stattfinden. Von seiten der Politiker waren J. Smrkovský und Kriegel anwesend. Beide sprachen äußerst pessimistisch. „Ich muß Ihnen gestehen, daß das Damoklesschwert über unseren Köpfen hängt, und wir müssen aufpassen, daß es nicht herunterfällt", sagte damals Kriegel. Die anwesenden Journalisten hatten begriffen und entschlossen sich, jede Polemik einzudämmen. Es war aber ein hoffnungsloses Unterfangen, die drohende Katastrophe abwenden zu wollen. Wir können doch ein Verbrechen nicht dadurch verhindern, daß wir lieb und nett zu den Verbrechern sind, sondern nur dadurch, daß wir ihnen die Stirn bieten. Die Sowjets benötigten damals die Polemik als Vorwand, und so konnte der freiwillige Entschluß, künftighin nicht mehr die volle Wahrheit zu schreiben, am Lauf der Ereignisse nicht das Geringste ändern.

Am Montag, dem 19. August, erhielt Dubček einen Brief von Breschnew. Es wurde darin behauptet, daß Dubček weder in der KPTsch noch die KPTsch im Lande herrsche, daß die antisozialistischen Kräfte die Oberhand erreicht hätten und daß die Verpflichtungen aus Čierná nicht eingehalten würden. Es gab aber keine Andeutung eines konkreten Ultimatus. Es sollte wohl die Vorabbegründung für die militärische Intervention sein, für die man sich nun endgültig am 17. August nachts entschieden hatte.

Dubček hielt den Brief damals für nicht sonderlich wichtig und ließ ihn in seiner Aktenmappe liegen, als am 20. August um 14 Uhr die Tagung des ZK-Präsidiums begann. Der erste Punkt auf der Tagesordnung war der Bericht über die Vorbereitungsarbeiten für den 14. Parteitag, der von Dubček vorgetragen wurde. Ehe man zur Diskussion übergehen konnte, schlug D. Kolder plötzlich vor, man möge zunächst eine „Analyse der Situation im Lande" besprechen, die er Hand in Hand mit dem ZK-Sekretär A. Indra ausgearbeitet hatte. Dieser Vorschlag war für die meisten Präsidiumsmitglieder eine Überraschung, der Vorschlag wurde abgelehnt, und ungeachtet der Proteste von Kolder wurde die Behandlung des 1. Punktes der Tagesordnung fortgesetzt.

In diesen Nachmittags- und nachher Abendstunden ereignete sich in Prag bereits Sonderbares. Der Generaldirektor der ČTK (Tschechoslowakische Nachrichtenagentur), V. Sulek, der Anfang August beurlaubt worden war und seine Kündigung erwartete, kehrte am späten Nachmittag urplötzlich zurück und gab bekannt, daß er „auf ein Zeichen von politischen Stellen" die Leitung der Presseagentur erneut übernehme. Um 18 Uhr gab er den Befehl heraus, daß er jeden fürs Ausland bestimmten Bericht ab sofort zu kontrollieren habe. Sulek hatte zu jener Zeit „den Aufruf der Sowjetarmee an das tschechoslowakische Volk" in der Tasche, den er im Laufe der Nacht dann vergeblich in der Öffentlichkeit zu verbreiten suchte. Der Leiter „der Zentralverwaltung des Fernmeldewesens" K. Hoffmann – heute Vorsitzender der sogenannten Gewerkschaften – versammelte am Nachmittag eine Reihe seiner Freunde, darunter viele Mitarbeiter des Staatssicherheitsdienstes, in seinem Arbeitszimmer und teilte ihnen mit, daß „die Tagung sehr lange dauern werde", worauf er einen großen Vorrat an belegten Brötchen und Getränken bringen ließ. Nachts ordnete er dann aus seinem Arbeitszimmer das Abschalten der Rundfunksender an – später gelang es nicht mehr, genau festzustellen, wer dafür verantwortlich war, daß dieser verräterische Befehl befolgt wurde.

Um 21,29 Uhr bat ein sowjetisches Flugzeug durch eine Radiodepesche um die Landeerlaubnis auf dem Prager Flughafen Ruzyně. Angeblich sei ihm während des Fluges nach Karlsbad der Treibstoff ausgegangen. Dem Flugzeug entstiegen fast gleichförmig gekleidete Männer, jeder von ihnen eine Tasche oder einen Koffer in der Hand. Eine halbe Stunde vor Mitternacht zogen sie dann plötzlich aus ihrem Gepäck Maschinenpistolen und Revolver heraus und besetzten den Kontrollturm des Flughafens.

Während der ZK-Tagung rannte Sekretär Indra alle halbe Stunde ans Telefon und informierte den sowjetischen Botschafter Tscherwonenko über den Tagungsverlauf. Tscherwonenko war offenbar unzufrieden, weil sich da alles anders abwickelte, als es dem vorbereiteten Drehbuch entsprach.

Zur Diskussion über den von Kolder und Indra unterbreiteten Bericht ist das Präsidium erst in den Abendstunden, nach einer kurzen Erfrischungspause, gekommen. In dem am 18. August von Kolder und Indra bearbeiteten Material wiederholten sich die Hauptpunkte der sowjetischen Kritik, und es wurden „radikale Maßnahmen" gefordert. Es kam eine scharfe Diskussion in Gang. Selbst der sonst so vorsichtige O. Černík war aufs äußerste empört und bezeichnete die Einstellung der Autoren dieses Materials direkt als verräterisch. Den Inhalt des umstrittenen Materials unterstützten in erster Linie Bilak, Rigo, Piller und der Sekretär des ZK Kapek. Der sowjetische Plan kam später offen zutage: Es ging darum, die Mehrheit der stimmberechtigten Präsidiumsmitglieder für die Billigung des Beschlusses zu erlangen, in dem die Rede von „sowjetischer Hilfe" war. Dieser Plan scheiterte aber aus zwei Gründen: es gab bereits einen ähnlichen Beschluß, der eine Intervention rechtfertigen würde, und außerdem war es rein zeitlich zu spät. Ferner wurden Regiefehler offenbar: die Verschwörer vergaßen, das Präsidiumsmitglied Barbirek zu informieren, sie setzten voraus, er würde automatisch „mitziehen", doch er zögerte nun. Nachdem Smrkovský und Kriegel den Rigo buchstäblich zusammengestaucht hatten, kam auch Piller ins Wanken. Plötzlich hatte Dubček die Mehrheit.

Die Resolution konnte nicht mehr gebilligt oder abgelehnt werden. Um 23.40 Uhr kehrte Černík leichenblaß vom Telefon zurück und erklärte: „Die Truppen der Fünf besetzen uns." Bilak, Kolder, Indra und Švestka waren offensichtlich nicht überrascht, die übrigen waren absolut schockiert. Dubček verfiel zunächst in eine Art Ohnmacht, fing dann zu lamentieren an, schlug mehrere Male auf den Tisch und schrie, Breschnew habe ihn „verraten". Zum Schluß beruhigte er sich dann, zog Breschnews Brief aus der Mappe, las ihn langsam und gründlich und polemisierte mit jedem Absatz. Eine Art absurdes Theater hatte seinen Höhepunkt erreicht: das Land ist militärisch überfallen worden, und der führende Politiker des Landes saß am Konferenztisch und führte eine polemische Diskussion, was Sozialismus sei und was nicht, ob die führende Rolle der Partei sichergestellt war oder nicht, ob wir ausreichend proletarisch-internationalistisch seien ...

V.

Die brüderliche Hilfe der 7000 Panzer

Im Westen wird allgemein angenommen, die sowjetische militärische Intervention in der Tschechoslowakei sei hinsichtlich der
technischen Durchführung ein großer Erfolg der sowjetischen
Truppen gewesen, die in der ersten Etappe jedoch politisch völlig
versagt hätten.

Der erste Teil dieser Beurteilung gehört ebenfalls zu den Legenden. Es stimmt zwar, daß die sowjetischen Panzer nur wenige
Stunden von der Grenze bis Prag gebraucht hatten, dies hat jedoch wenig gemein mit militärischer Tüchtigkeit. Die Panzer
konnten mit Vollgas fahren, es hat sie ja niemand behindert.

In der Prager militärisch-politischen Akademie wurde noch
vor den weitreichenden Säuberungen in den Jahren 1969–70 eine
vertrauliche Analyse des Überfalls auf die Tschechoslowakei im
August 1968 ausgearbeitet. Einige wichtige, durch Tatsachen be-
wiesene Schlußfolgerungen widerlegten die Legende von der
„vollendeten militärischen Aktion" ganz und gar. Es wurde beispielsweise folgendes festgestellt:

1. Die Luftlandeaktion bei Prag – ein wichtiger Bestandteil der
   gesamten militärischen Operation – konnte nur unter der
   Voraussetzung erfolgreich verlaufen, daß die Flugabwehr
   von Prag nicht das Feuer eröffnete. Wäre der Befehl zur Verteidigung erteilt worden, hätte kein einziger sowjetischer
   Soldat die Luftlandung überleben können – und das auch
   dann nicht, wenn lediglich eine Flugabwehrbatterie in Aktion getreten wäre.

2. Der Nachschubdienst der sowjetischen Armee hat vollkommen versagt. Es gab für die Besatzungstruppen bereits am
   nächsten Tag keinen Nachschub mehr. Die Soldaten sind 48
   Stunden ohne Lebensmittel gewesen – die Folge waren einige
   offene Meutereiversuche und Hinrichtungen von Offizieren
   und Soldaten.

3. Der technische und der Verkehrsdienst der sowjetischen Armee wies eine derartige organisatorische Unfähigkeit auf, daß es in manchen Bereichen zu einer totalen Desorganisation kam. Fast anekdotisch mutet der Fall des Sonderzuges an, der am 22. August morgens von der sowjetischen Grenze in Richtung Prag abgefertigt wurde. Dieser Zug brachte Spezialgeräte zwecks Lokalisierung der tschechoslowakischen Sendestationen mit. Der Zug ist niemals in Prag angekommen. Einer bestens ausgeklügelten Aktion der tschechoslowakischen Eisenbahner, aber insbesondere der absoluten Unfähigkeit des sowjetischen Begleitpersonals war es zu verdanken, daß der Zug mehrere Male auf einer falschen Strecke fuhr, zweimal sogar in die entgegengesetzte Richtung – also von Prag weg. Diese Sondereinheit der sowjetischen Armee griff in das Geschehen nicht mehr ein – am 27. August wurde der Zug auf sowjetisches Gebiet zurückdirigiert.

4. Während der gesamten Operation ist es nicht gelungen, eine hinreichende Koordinierung der Bewegungen von sowjetischen und „verbündeten" Truppen zu erreichen. Mehrere Male ist es zu einem Chaos gekommen, und sogar Menschenleben hat dies gekostet. So traf zum Beispiel in der Nacht vom 21. auf den 22. August etwa 20 km von Prag entfernt, eine sowjetische Einheit auf eine bulgarische. Beide waren überzeugt davon, daß sie auf eine Abteilung der „bewaffneten Konterrevolution" gestoßen seien, es wurde das Feuer eröffnet, und in dieser Aktion sind fast hundert Soldaten gefallen.

5. Völlig unzureichend war die psychologische Vorbereitung der Besatzungseinheiten. Insbesondere den sowjetischen Soldaten hatte man kurz vor dem Antritt mitgeteilt, daß die Tschechoslowakei von „faschistischen, westdeutschen Truppen" überfallen worden sei, also eilten die Truppen des Warschauer Pakts zur Hilfe. Nachdem sich diese Behauptung als plumper Betrug herausgestellt hatte, vollzog sich innerhalb der sowjetischen Einheiten ein deutlicher Zerfall. Es wurden einige Selbstmorde registriert, meuternde Soldaten wurden brutal bestraft – aus bestimmten Anzeichen zu schließen, soll die Zahl der Hingerichteten dreistellig gewesen sein –, und so mußten bereits am 23. und 24. August die sowjetischen Einheiten zurückgezogen und von zuverlässi-

gen Truppen ersetzt werden – vorwiegend von Soldaten aus den asiatischen Sowjetrepubliken.

Vom militärischen Standpunkt aus war also die ganze Aktion nicht gerade eine brillante Leistung, im Gegenteil: sie deckte schwerwiegende organisatorische und technische Mängel des Warschauer Pakts auf. Die verhältnismäßig größte Ordnung herrschte bei den Einheiten der Volksarmee, die allerdings keine sonderliche Rolle spielte: ihre Aufgabe war es lediglich, einige wenige Orte in Nordböhmen zu besetzen. Ihre Teilnahme hatte jedoch eine enorme psychologische Wirkung: fast auf den Tag genau 30 Jahre nach der Nazi-Okkupation kamen in dieselben Orte erneut deutsche Soldaten – noch dazu in den gleichen Hitler-Uniformen!

Politisch befand sich die Besatzungsmacht gleich in den ersten Stunden in einer Sackgasse, aus der ihr die überflüssige Kapitulation der Dubček-Führung vom 26. August herausgeholfen hat.

Die Informationen, die wir im August, unmittelbar nach der Rückkehr der Politiker aus Moskau, sammeln konnten, geben ein klares Bild vom ursprünglichen taktischen Plan der sowjetischen Führung. Man ging darin von einigen wichtigen Voraussetzungen aus:

1. Die dogmatische Mehrheit des ZK-Präsidiums hätte – den sowjetischen Vorstellungen zufolge – gleich nach Beginn der Invasion die ganze Aktion billigen und ihr dadurch den offiziellen Anstrich „der brüderlichen Hilfe für die Kommunistische Partei und für das Volk der Tschechoslowakei" geben sollen. Einige Mitglieder des Präsidiums – in erster Linie Dubček, Smrkovský und Kriegel –, einige Regierungsmitglieder und Angehörige der höchsten Regierungsbehörden hätten mit Zustimmung jener Präsidiumsmehrheit wegen Unterstützung der Konterrevolution angeklagt und verurteilt werden sollen.

2. Eine wichtige Rolle hätte Präsident Svoboda spielen sollen. Seine Aufgabe war es, bereits am 21. August morgens A. Indra mit der Zusammenstellung der „neuen Arbeiter- und Bauernregierung" zu beauftragen, wobei einige Politiker bereits tags zuvor ihre Beteiligung zugesagt hatten. Der sowjetische Botschafter Tscherwonenko hatte L. Svoboda über die ganze Aktion kurz vor deren Beginn informiert und schien von Svobodas erster Reaktion darauf offenbar zufrieden gewesen zu sein.

3. Die Öffentlichkeit sollte durch die erwartete positive Proklamation der „internationalistischen Gruppe" des Präsidiums desorientiert und darüber hinaus von einem vorbereiteten Brief, in dem etwa 40 politische Persönlichkeiten die sowjetische Führung um Hilfe baten, getäuscht werden. Der Text des Briefes sollte augenblicklich vom Funk und Fernsehen verbreitet werden. Über die Existenz dieses Briefes wurden im Westen oft Zweifel geäußert. Die Wahrheit ist: ein solcher Brief wurde niemals aus Prag abgeschickt, der Text wurde in Moskau vorbereitet. Einige Politiker, darunter Bilak, Indra, Kolder, Jakeš, Hoffmann, der Leiter der ČTK Sulek und andere, sind in diesen Plan eingeweiht worden und haben ihn gebilligt. Damit, daß die übrigen vorgesehenen „Signatare" keine Schwierigkeiten machen würden, wurde stillschweigend gerechnet.

4. Durch den Einsatz von überflüssig starken Truppeneinheiten für die Okkupation (obgleich man mit militärischem Widerstand überhaupt nicht gerechnet hatte, befanden sich am 21. August bereits 600 000 fremde Soldaten und 7000 Panzer auf tschechoslowakischem Gebiet!) sollte eine doppelte Abschreckungswirkung erzielt werden: erstens sollte der Westen vor irgendeiner „Einmischung" gewarnt und zweitens die tschechoslowakische Bevölkerung von größeren Protestaktionen abgehalten werden. Sofort nach Einsetzung der neuen Regierung sollte etwa die Hälfte der Truppen zum Zeichen „guten Willens" abgezogen werden. Damit kann wohl auch teilweise das nahezu groteske Versagen des Nachschubs für die Okkupationsarmee erklärt werden.

Der mit der Invasion verbundene politische Plan brach in allen seinen Hauptpunkten zusammen. Es gelang den Sowjets bei keiner der erwähnten vier Aufgaben, ihr Ziel zu erreichen. Es scheint, als sei es die Folge der vollkommen falschen Einschätzung der politischen und psychologischen Lage im Lande gewesen. So hatte der sowjetische Botschafter Tscherwonenko auf der Zusammenkunft mit den Verschwörern kurz vor der Invasion behauptet, die „Arbeiter- und Bauern-Regierung" würde bei mindestens 10% der Bevölkerung Unterstützung finden, was für die erste Zeit ausreichen dürfte. Zum Schluß jedoch stand hinter der Okkupationsmacht ein so verschwindend kleiner Teil der Bevölkerung, daß man dies nicht in Prozenten, sondern nur in Promille ausdrücken könnte. Tscherwonenko wurde auch nach dem August Gegenstand starker Kritik von seiten der sowjetischen Führung; die ganze Affäre endete mit dem Sturz seines Stellvertreters und Chefs der Prager KGB (Staatssicherheitsdienst der UdSSR) Udalcov.

Den ersten Schlag versetzte den sowjetischen Plänen der Verlauf des Abschlußteils jener nächtlichen Sitzung des ZK-Präsidiums. Drei seiner Mitglieder – Bilak, Kolder und Švestka – waren in die Pläne eingeweiht und hielten an der „Linie" fest. Es wurden aber drei andere Mitglieder schwankend – Piller, Barbírek und Rigo. Sie wußten nichts im voraus und schreckten einfach zurück. In der dramatischen, recht peinlichen und dazu auch verworrenen Diskussion spielte Dubček zwar eine sehr jammervolle Rolle – er beklagte sich unausgesetzt mit Tränen in den Augen, wie ihm die sowjetischen Genossen dies bloß antun konnten, nachdem er der Sowjetunion und dem Sozialismus sein ganzes Leben geweiht hatte. Demgegenüber wuchsen Smrkovský und Kriegel weit über sich hinaus. Ein späterer Kommentar eines der Anwesenden: „Die beiden haben Piller und Barbírek einfach in Grund und Boden geschrien!" Und so erschienen in der Resolution des Präsidiums – das halbherzig und inkonsequent war – die für die Sowjets so unangenehmen Worte: „Die Truppen der fünf Länder betraten tschechoslowakisches Staatsgebiet ohne Wissen und Zustimmung der verfassungsmäßigen tschechoslowakischen Organe."

Zu einer Tat hatte sich das Präsidium jedoch nicht aufgerafft. Einige Eingeweihte sind auf schnellstem Wege aus dem Gebäude des ZK verschwunden, und Dubček blieb von einer kleinen Gruppe umgeben: von Smrkovský, Kriegel, Špaček und Šimon. Alle Versuche, Dubček dazu zu bewegen, er möge sich verstekken, eine Proklamation herausgeben, mit der er den 14. Parteitag einberufen würde, an andere Länder zu appellieren, waren vergeblich. Er behauptete, das Gebäude nicht verlassen zu können, weil sonst „keiner hier wäre, der mit den Sowjets verhandeln könnte…"

Früh morgens bereits wurde das ZK-Gebäude von drei Seiten durch eine sowjetische Einheit umzingelt. Der Kommandant einer kleinen tschechoslowakischen Einheit war gerade dabei, Dubček zu überreden, er möge fliehen, sich verstecken, das Volk zum Widerstand aufrufen. „Im Bedarfsfalle sind wir bereit, Ihnen den Weg aus dem Gebäude freizuschießen", sagte er, aber schweigende Ablehnung war die einzige Antwort, die er bekam.

Einige Minuten später drang eine Gruppe der KGB-Agenten aus den Reihen der Prager Bezirksverwaltung des Staatssicherheitsdienstes in Dubčeks Arbeitszimmer ein und verhaftete Dubček und seine Mitarbeiter. Zur gleichen Zeit wurde in seinem Arbeitszimmer im Sitz des Premiers O. Černík von einem anderen „Verhaftungskommando" der Prager Staatssicherheit festgenommen und in einen sowjetischen Panzer befördert (aus eigener Erfahrung weiß ich, daß diesen Kommandos die abscheulichsten Typen dieser teuflischen Organisation angehören).

In Panzerwagen wurden alle Festgenommenen zum Prager Flughafen Ruzyně gebracht und nach einigen Stunden Wartezeit mit einem Militärflugzeug zum polnischen Militärflughafen in Glivice (Gleiwitz) und später an irgendeinen unbekannten Ort in der Ukraine verbracht. Es wurde ihnen eine recht demütigende Behandlung zuteil. Nachdem die sowjetische Führung ihre Pläne ändern mußte, kam es zu einer plötzlichen Wende: die festgenommenen Politiker wurden nach Moskau geflogen und in einem Hotel untergebracht.

Präsident Svoboda wurde unverhofft zu einer Schlüsselfigur im Lande. Seine erste Reaktion entsprach voll und ganz den sowjetischen Wünschen: er gab den Befehl aus, der die tschechoslowakische Armee zu absoluter Untätigkeit verdammte. Als ihn dann am Nachmittag Botschafter Tscherwonenko aufforderte, eine neue Regierung zusammenzustellen, fing Svoboda völlig unerwartet zu zögern an. In jenen Stunden fanden in Prag und anderen Städten bereits Massendemonstrationen statt. Die sowjetischen Soldaten eröffneten das Feuer auf das Gebäude des Nationalmuseums, in der Annahme, es sei das Gebäude des Tschechoslowakischen Rundfunks, und wenige Meter höher in der Vinohradská-Straße brannten zwei sowjetische Panzer[*].

Möglicherweise hat die gesamte Lage auf Svoboda Einfluß gehabt, vielleicht zögerte er auch infolge jenes nächtlichen Beschlusses des ZK-Präsidiums, oder aber er wich dem Druck seiner Freunde (in seiner Umgebung wird behauptet, daß Svobodas Frau eine nicht unbedeutende Rolle zu jener Zeit gespielt habe; sie hat den sowjetischen Überfall für eine „persönliche Beleidi-

---

[*] Die Panzer wurden allerdings nicht von „bewaffneten Konterrevolutionären" angezündet, sondern von einer Gruppe 15jähriger Jungen, die eine interessante Entdeckung gemacht hatten: eine kleine Flasche mit Benzin, in den Auspuff gesteckt, erzeugte ein attraktives Feuerwerk!

gung" gehalten); jedenfalls hat Svoboda Tscherwonenko eine Absage erteilt, und die Entsendung eines „bevollmächtigten sowjetischen Vertreters, mit dem er die Lage verantwortungsvoll erörtern könne", verlangt. Dies mußte nun Tscherwonenko seinerseits als persönliche Beleidigung empfinden.

Zur gleichen Zeit hielt sich in der sowjetischen Botschaft die Verrätergruppe auf, die vorgesehen war, den Kern der neuen Regierung zu bilden. Auch hierbei ist es zu unerwarteten Komplikationen gekommen. Zunächst gab es zwischen A. Indra und O. Pavlovský, dem Ex-Botschafter in Moskau und damaligen Minister für Binnenhandel, einen heftigen Streit. Pavlovský war von Tscherwonenko einige Tage zuvor beauftragt worden, mit einigen Politikern zu verhandeln und diese zur Beteiligung an der „Arbeiter- und Bauern-Regierung" zu überreden. Er selbst hielt sich aber für geeignet, den Premierposten einzunehmen. Im Laufe des Vormittags gab es schließlich weitere Komplikationen: die vorgesehenen Kandidaten wiesen einer nach dem anderen – wohl angesichts der Situation – ihre Ministerposten zurück. So gab es unverhofft eine Regierung mit zwei Premierministern, aber ohne weitere Minister.

Die Desinformation der Bevölkerung brach vollkommen zusammen. K. Hoffmann und seine Agenten haben erfolglos versucht, die direkte Leitung des Rundfunks noch in der Nacht in die Hand zu bekommen. Es gelang ihnen lediglich, die Sendung vorübergehend zu unterbrechen. Es scheiterte jedoch ihr Versuch, jenen berüchtigten „Hilferuf" durch den Rundfunk zu verbreiten: die diensttuenden Redakteure hatten sich im Studio einfach verbarrikadiert, und der Mitverschwörer Hoffmanns, der einstige Direktor des Rundfunks (später für kurze Zeit Außenminister), M. Marko, wurde sogar aus dem Gebäude geworfen.

Der Rundfunk fing zu senden an – er verbreitete die Proklamation des ZK-Präsidiums, brachte Kommentare und Appelle an die Weltöffentlichkeit. Nachdem das Funkgebäude in Vinohrady von den sowjetischen Soldaten gestürmt worden war (die ganze Aktion sah der Eroberung einer stark befestigten Bastion gleich), wurde die Stimme des Rundfunks nicht totgeschwiegen. Der erste Ausweg war die Anschlußverbindung des Zentralsenders mit den Bezirkssendern. Gleichzeitig wurden provisorische Funkstudios insgeheim in Privatwohnungen und Büros installiert. Es wurden auch Pläne benutzt, die seit langem für den „Fall der Gefährdung der Republik" bereitlagen und dem Oberkommando des Warschauer Pakts nicht in allen Einzelheiten bekannt waren. Gerüchte über Sendungen von westdeutschem Gebiet aus sind begreiflicherweise frei erdacht. Etwas später am selben Vormittag wurden auch die Fernsehsendungen wieder aufgenommen. Dies war eine technisch viel anspruchsvollere Aufgabe. Die Studios wurden an geheimen Orten installiert, z. B. in einem unfertigen Neubau in Prag 6, in der 10. Etage, wohin nur ein Aufzug führte! – aber die Sendungen klappten bestens über die ganze Zeit der erzwungenen Improvisation hinweg.

Die Redaktionen aller Zeitungen (ausgenommen die der *Literární Listy*, deren Gebäude die Späher die ganze Zeit über nicht entdecken konnten; sie ließen sich vom Schild „Kinderkrippe" täuschen) wurden bereits vormittags zwischen 10 und 12 Uhr besetzt. Die Journalisten fanden jedoch am selben Tag noch kleine improvisierte Druckereien. Die Redaktionen begannen in Wohnungen und Büros verschiedener Organisationen zu arbeiten, die Tschechoslowakische Presseagentur knüpfte Kontakte mit dem Ausland per Fernschreiber der Handelsorganisationen an. Es begann ein Kommunikationssystem zu arbeiten, das in der ganzen Welt Bewunderung gefunden hat. Die Massenmedien wurden zur damaligen Zeit das wichtigste Regierungsinstrument. Die Menschen taten widerspruchslos alles, wozu sie durch die Presse, den Rundfunk und das Fernsehen aufgefordert wurden.

Innerhalb weniger Stunden entstand in der Tschechoslowakei ein einmaliges Phänomen: der unbewaffnete Massenwiderstand der gesamten Bevölkerung gegen die riesengroßen Streitkräfte. Die permanenten Demonstrationen und die Rufe „Ihr Faschisten" oder „Schert euch nach Hause!" demoralisierten die sowjetischen Soldaten.

Von unserer Seite ist kein einziger Schuß gefallen. Bestattungen sowjetischer Soldaten „ermordet von der tschechoslowakischen Konterrevolution" in der Ukraine und in Rußland, waren eine der größten Lügen jener Tage: es handelte sich entweder um wegen Ungehorsams oder Befehlsverweigerung hingerichtete Soldaten oder um solche, die bei den Zusammenstößen der einzelnen Einheiten infolge miserabler Koordinierung der Aktionen gefallen waren.

Sie allerdings haben geschossen: auf junge Leute, die Flugblätter verteilten, auf Demonstranten oder ganz allgemein und wütend umher. Die ersten Opfer dieser sinnlosen Mordlust gab es in Prag, Liberec, Košice und anderswo. Insgesamt wurden in den ersten Okkupationstagen (eine offenbar unvollkommene Evidenz) 72 Ermordete und einige hundert Schwerverletzte gezählt.

Was unternahm der Rest der politischen Führung, nachdem eine Gruppe festgenommen und auf unzivilisierte Art und Weise verschleppt worden war?

Bereits am Morgen des 21. August versammelte sich im Smichover Hotel „Praga" die Verrätergruppe, die eine Delegation in die sowjetische Botschaft entsandt und ihre „Zusammenarbeit" angeboten hatte. Am nächsten Tag wurde eine Versammlung der „internationalistischen" Gruppe des ZK ins selbe Hotel einberufen.

Die Initiative übernahm in erster Linie die Prager Bezirksführung der KPTsch. Die Funktion des inoffiziellen Ersten Sekretärs übte V. Šilhan aus, mit der Leitung des Apparats wurde Martin Vaculík betraut. Dieser ZK-Sekretär galt vor dem August als Dogmatiker. Der Schock jener Augustnacht scheint aber einen guten Einfluß auf ihn gehabt zu haben. Er wurde später aller politischen Funktionen enthoben und arbeitete als Garagenmeister.

Die Prager Parteiführung berief überstürzt die Delegierten des 14. Parteitages ins Fabrikgebäude in Vysočany ein. Der Parteitag wurde von der Werkmiliz geschützt, wodurch den Sowjets ein Überfall erschwert wurde: es wäre für die Sowjets politisch untragbar gewesen, gegen die Volksmiliz zu kämpfen, nachdem sie sie für die fast einzige Rettung des Sozialismus in der Tschechoslowakei ausgegeben hatte!

Dieser in aller Eile einberufene Parteitag bekam jedoch einen ernsten Riß: es erschienen lediglich fünf Delegierte aus der Slowakei, dafür war die Teilnahme aus den böhmischen und mährischen Bezirken unerwartet hoch. Das Ausbleiben der slowakischen Delegierten wurde in jenen Tagen – ja sogar noch in den folgenden Wochen – damit begründet, daß die sowjetischen Truppen die Busse mit den Delegierten abgefangen und nach Bratislava zurückgeschickt hätten. In Wirklichkeit war es die Folge des von Husák inszenierten offenen Verrats. Er kalkulierte zu jener Zeit bereits sehr hart und setzte auf die sowjetische Karte. Er überredete die slowakischen Delegierten, den Prager Parteitag zu boykottieren, um dadurch die Zustimmung der sowjetischen Okkupationsmacht zu erlangen, einen slowakischen Parteitag abzuhalten. Dieser fand tatsächlich am 26. August statt und war gleichbedeutend mit dem ersten Husák-Schritt zur Macht.

Der slowakische Boykott des Prager Parteitages erleichterte den Sowjets die Argumentation ihrer Druckkampagne zur Annullierung aller Beschlüsse der Augusttagung. Dazu muß gesagt werden, daß jener „historische Parteitag" lediglich in der Schilderung seiner Initiatoren ein großes Ereignis war. Ich habe bereits erwähnt, daß die KPTsch auch in dieser Stunde auf ihren ausgesprochen antidemokratischen Positionen verblieben war und es nicht fertiggebracht hat, dem Volk eine wirkliche Alternative oder ein mobilisierendes Programm anzubieten. Achtzig neugewählte ZK-Mitglieder – im September wurden sie ins ZK cooptiert, um die sowjetischen Forderungen zu erfüllen, die verlangt hatten, man möge sämtliche Beschlüsse des Parteitages annullieren, und gleichzeitig, um denen entgegenzukommen, die das Gegenteil gefordert hatten – das war ein Bild jener „Rennaissance der KPTsch". Von dem Augenblick an stimmten auch die anderen gemeinsam mit den Dogmatikern schön artig für alles und gegen alles – ganz, wie es die Obrigkeit wünschte.

„Der „Parteitag von Vysočany" hat die Okkupation der Tschechoslowakei verurteilt – darin erschöpfte sich aber auch schon das positive Ergebnis, weil dies das einzige war –, er war jedoch nicht in der Lage, eine einzige wirksame Maßnahme zu beschließen. Geradezu anekdotisch mutet die Forderung des Abzugs der sowjetischen Truppen an, der von der Drohung mit einem Generalstreik begleitet wurde. Die Truppen zogen natürlich nicht ab, der Streik fand statt – und dauerte eine ganze Stunde.

Einige Mitglieder der politischen Führung haben in den Augusttagen anscheinend mit schweren inneren Kämpfen ihren weiteren Weg gesucht und hatten mit ihren eigenen Ansichten und Vorurteilen fertig zu werden. So hat z. B. Zdeněk Mlynář am 22. und 23. August zunächst an jener Dogmatikerversammlung im Hotel „Praga" teilgenommen, am 24. August den Parteitag in Vysočany mitgemacht und ist am späten Abend dann mit einem Sonderflugzeug nach Moskau geflogen. Es wurde ihm vom Botschafter Tscherwonenko zur Verfügung gestellt, in der Hoffnung, er werde die sowjetischen Standpunkte unterstützen.

Der ZK-Sekretär Císař hielt sich gleich nach der Nachricht vom sowjetischen Überfall versteckt und ließ verschiedene recht heitere Berichte über sich verbreiten. Einmal wurde behauptet, er sei verhaftet und sogar gefoltert worden, dann wieder, er „organisiere in der Illegalität den Widerstand". Zum Parteitag zu erscheinen wagte er nicht, doch er schickte einen „Kampfgruß". Allerdings plante er wenige Tage später bereits die Zusammenstellung seiner Selbstkritik.

Zur gleichen Zeit wie der Parteitag tagte auch das Parlament. Die Abgeordneten übernachteten im Parlamentsgebäude, das von sowjetischen Einheiten umstellt war, auf improvisierten Campingliegen. Die Truppen wagten nicht, das Parlament auseinanderzujagen. Auch dieses Organ verurteilte sehr eindeutig die Okkupation der Tschechoslowakei. Dadurch verloren die Sowjets jeglichen Hoffnungsschimmer ihrer militärischen Aktion einen Anstrich der Legalität geben zu können.

Es kann aber kein Zweifel daran bestehen, daß der ursprüngliche Plan der sowjetischen Führung verwirklicht worden wäre – einschließlich der Persekution zahlreicher Politiker –, wenn es die für die Sowjets überraschende und in unserer Geschichte an sich einmalige Eintracht des Volkes nicht gegeben hätte, das sich mit absoluter Entschiedenheit gegen die Okkupanten gestellt hat. In der Eintracht steckte auch Disziplin. Die Massenmedien sind für einige Tage zu einem wichtigen Machtmittel geworden.

Die Auflehnung gegen die Okkupation und der gegen den Angreifer gerichtete Haß war noch weitaus stärker als im Jahre 1939. Der plötzliche Zusammenbruch aller in den Frühlingsmonaten gehegten Hoffnungen war viel zu erschütternd, das Gefühl des Unrechts und der Beleidigung viel zu stark. Ich habe damals zu meiner großen Überraschung festgestellt, daß viele Menschen, ebenso wie ich auch, jene sieben Augusttage für eine der glücklichsten Epochen ihres Lebens gehalten haben: so tief war dieses Gefühlserlebnis, die Gewißheit der absoluten und durch nichts zu erschütternden Solidarität, aber in erster Linie das Gefühl einer merkwürdigen Erleichterung, die die Erkenntnis mit sich gebracht hatte: für viele von uns insbesondere die Erkenntnis der eigenen Fehler, Irrtümer und Illusionen. Es war die Stunde der Wahrheit für den Großteil unserer Nationen.

Das Versagen des sowjetischen Plans hinsichtlich einer augenblicklichen Lösung der Lage bot für den tschechoslowakischen Frühling in gewisser Weise eine neue Chance. Es ging nun darum, so lange als nur irgend möglich den unbewaffneten Widerstand durchzuhalten und zu versuchen, internationale Aktionen ins Leben zu rufen, die die Sowjets zu Konzessionen zwingen würden. Die erste Aufgabe war erfüllbar: wir waren mindestens drei Wochen lang in der Lage, zu senden, Zeitungen herauszugeben und Demonstrationen zu organisieren.

Auch schien die Lage auf dem Gebiet der internationalen Politik hoffnungsvoll zu sein. In den westlichen Ländern gab es eine echte Explosion der öffentlichen Meinung, die in verhältnismäßig kurzer Zeit die Regierungen zur diplomatischen Aktivität zwingen mußte. In Bukarest hielt Ceauşescu am 22. August vor einer hunderttausendköpfigen Menge eine in der gesamten Nachkriegszeit einmalige Rede: er beschuldigte die Sowjetunion der klaren Aggression, der Mißachtung internationaler Verträge, und er ordnete eine teilweise Mobilmachung seiner Streitkräfte an. Auf der Insel Brioni jagte Tito den sowjetischen Botschafter wider jede diplomatische Regel aus seinem Arbeitszimmer und befahl, jugoslawische Einheiten an die ungarische Grenze zu verschieben. Die chinesische Führung stellte sich entschieden auf die Seite der Tschechoslowakei.

Auch in den Ostblockländern begann sich eine Protestfront herauszubilden. Am 25. August demonstrierten auf dem Roten Platz in Moskau 7 junge Leute mit dem Spruchband: „Die Okkupanten sollen sich schämen." Der Auftritt von Konstantin Babitzki, Larissa Bogoraz-Daniel, Wladimir Delauney, Wladimir Dremljuga, Pawel Litwinow, Viktor Feinberg und Natalia Gorbanewska hat nur wenige Minuten gedauert – dennoch ging er als erster öffentlicher Auftritt der im Entstehen begriffenen Dissidentenbewegung in die Geschichte ein. Der Regisseur der Komischen Oper in Ostberlin, Horst Bonnet – ein Mitglied der SED sogar! –, verteilte Flugblätter und bekam dafür zweieinhalb Jahre Gefängnis – die Hälfte dessen, was Pawel Litwinow bekam. Sabine Bonnet wurde zu zwei Jahren Gefängnis verurteilt.

Gegen die Okkupation der Tschechoslowakei haben die meisten westlichen kommunistischen Parteien protestiert – und unter ihnen alle Massenparteien. Der Prestigeverlust der Sowjetunion, gleich in den ersten Tagen der Aktion, war äußerst empfindlich. Es ging nun darum, die diplomatischen Kanäle in Bewegung zu versetzen, um ausreichenden internationalen Druck auf die Sowjets ausüben zu können. Wir haben in erster Linie mit Aktionen der UNO gerechnet. Der tschechoslowakische Außenminister Dr. Jiří Hájek ist am 22. August von Belgrad aus nach New York geflogen, wo der Sicherheitsrat tagen und sich mit der Lage in der Tschechoslowakei befassen sollte. Hájeks Initiative wurde jedoch – auf sowjetischen Wink hin – von Präsident Svoboda gebremst. Zum Schluß vermochte J. Hájek seine einzige Rede nur deshalb zu halten, weil er sich Svoboda gegenüber am Telefon verleugnen ließ. Die UNO-Aktion wurde unterbrochen, noch ehe sie anlaufen konnte. Auch haben die westlichen Länder keine ausreichende diplomatische Aktivität entfaltet. Es ist schwer zu verstehen, warum die Westmächte z. B. wegen der von der Volksarmee gegen die Tschechoslowakei verübten Aggression überhaupt nicht protestiert haben. Die Alliierten des zweiten Weltkriegs hätten sich dabei doch wohl auf den Wortlaut des Potsdamer Abkommen berufen können!

Es gibt jedoch auch so keinen Zweifel darüber, daß sich die Sowjetunion in einer hoffnungslosen diplomatischen Defensive befunden hätte, würde die Augustkrise längere Zeit gedauert haben. Dies jedoch wurde infolge der schnellen Kapitulation von Dubčeks Führung zunichte gemacht.

Am 22. August entschloß sich die Sowjetunion, ihre taktische Konzeption zu ändern, nachdem auch ihr völlig klar geworden war, daß das Einsetzen einer „Arbeiter- und Bauern-Regierung" nur durch Blutvergießen und brutale Repressalien durchführbar gewesen wäre. Die neue sowjetische Konzeption bestand darin, die Dubček-Führung mit Ausnahme von einzelnen Personen, an der Macht zu lassen, allerdings sie zu Konzessionen zu zwingen, die es möglich machen würden, mit der bei den Sowjets wohlbekannten „Salamitaktik" einen unbequemen Politiker nach dem anderen zu entfernen und zum Schluß die gewünschten politischen Forderungen dennoch durchzusetzen.

Die Aktion wurde am 22. August mit der Einladung des Präsidenten Svoboda nach Moskau eröffnet. Alle Mitglieder der Prager Führung, die er konsultiert hatte, rieten ihm, die Einladung auszuschlagen. Der Parteitag von Vysočany hat ihn zur Ablehnung direkt aufgefordert. Svoboda ignorierte diesen Standpunkt völlig und kam mit den amtierenden Regierungsmitgliedern überein (darunter war auch der heutige Ministerpräsident Lubomír Štrougal), wer in seiner Begleitung mitkommen würde. Es waren Dr. Husák, Drúr und Kučera. Kurz vor dem Abflug forderte jedoch Botschafter Tscherwonenko in ultimativer Form die Teilnahme von Indra, Bilak und Piller. Svoboda beugte sich, ohne zu zögern, dieser Forderung und flog am 23. August um 9,30 Uhr nach Moskau ab.

Auf dem Flughafen Wnukowo in Moskau wurde Svoboda mit

einem ungewöhnlichen Zeremoniell begrüßt, Breschnew, Kossygin, Podgorny und weitere Spitzenpolitiker waren anwesend. Es vollzog sich eine unwürdige Kußszene zwischen Svoboda und Breschnew, Schulkinder mit tschechoslowakischen Fähnchen wurden in die Straßen hinausgejagt. Das sowjetische Fernsehen schilderte Svobodas Ankunft für die sowjetische Bevölkerung so, als sei das Oberhaupt eines befreundeten Landes zu Beratungen über die Lage und dazu gekommen, der Sowjetunion für ihre Hilfe zu danken.

Vor seiner Moskaureise hat Svoboda der Prager Führung wenigstens versprochen, auf der Teilnahme der internierten Politiker bei den Verhandlungen zu beharren. Er hat dieses Versprechen gehalten, also wurden am 23. August abends Dubček, Smrkovský, Černík, Špaček und Šimon zu den Verhandlungen nach Moskau befördert. Die Sowjets sträubten sich jedoch dagegen, auch Kriegel an den Verhandlungen teilnehmen zu lassen – er mußte bis zum Abschluß der Gespräche in der Stadt Kaluga interniert bleiben, und sein Schicksal war immer noch sehr ungewiß. Breschnew argumentierte unter anderem, Kriegel stamme aus Galizien, d.h. aus dem heute sowjetischen Gebiet, also falle er unter die „sowjetische Rechtsgewalt".

In Moskau tagte fast ununterbrochen das gesamte KPdSU-Präsidium. Die Sowjets wählten zunächst die Taktik von Separatgesprächen – einmal mit Svoboda, dann wurde ein Gespräch zwischen Breschnew, Kossygin und Dubček und Černík geführt. Den späteren Berichten O. Černíks zufolge war Dubček bei diesem Gespräch ein geistig vollkommen gebrochener Mann, er wiederholte mehrere Male, er hänge nicht mehr am Leben, man könne ihn sofort töten oder nach Sibirien deportieren. Kossygin wandte sich mit vorgegaukeltem Erstaunen zu Breschnew und sagte: „Aber Genosse Breschnew, wieso hat der Genosse eigentlich eine so überaus schlechte Meinung von uns?"

Nach diesen Separatgesprächen wurden die Verhandlungen unter voller Teilnahme beider Seiten fortgesetzt. Am Abend des 24. August kam auch noch Z. Mlynář nach Moskau. Seine Mitwirkung an den Gesprächen ist umstritten. Einerseits brachte er genaue Informationen über die Lage in Prag mit und übermittelte auch die Meinungen der Prager Führung. Andererseits gehörte er jenen Mitgliedern der tschechoslowakischen Delegation an, die von Anfang an dafür plädiert haben, zu einem Abkommen mit den Sowjets zu kommen, um dadurch „das Schlimmste abzuwenden". Aber gerade jene „Abmachung", die schließlich zustande kam, war für uns der schlechtest mögliche Gesprächsausgang. Mlynář muß man aber zugute halten, daß er sich bei Breschnew für die Freilassung Kriegels starkgemacht hat, und zum Schluß haben er und Špaček für Kriegel „gebürgt".

Die Sowjets haben sich bei den Gesprächen einer direkt ausstellungsreifen Taktik bedient: anfangs drakonische Forderungen und brutale Drohungen – bis zu Andeutungen einer möglichen „physischen Ausrottung". An den letzten zwei Tagen, also am 25. und 26. August, dann plötzlich ein milder Ton, scheinbare Konzessionen, Beschwichtigungen und Aufrufe zu einem „Neubeginn der Zusammenarbeit".

Die tschechoslowakischen Delegationsmitglieder erhielten insgesamt drei Appelle aus Prag, in denen man sie bat, kein endgültiges Abkommen abzuschließen, sondern es als Forderung der sowjetischen Seite zunächst dem ZK der KPTsch und dem Parlament zu unterbreiten. Einen Appell überbrachte den anderen Z. Mlynář, ein anderer erreichte Svoboda telefonisch, den dritten bekam er über die tschechoslowakische Botschaft.

Es ging aber alles genauso aus, wie es sich die Sowjets gewünscht hatten. Die Verräter innerhalb der tschechoslowakischen Delegation haben sowieso die sowjetischen Standpunkte verfochten. Als einziger leistete Smrkovský einigermaßen Widerstand und versuchte, die Verhandlungen in die Länge zu ziehen. Spät abends am 25. August und tags darauf wurde Stück für Stück der Wortlaut des „Moskauer Protokolls" formuliert, von dem wir ein Jahr später in unserem Manifest „10 Punkte" berichtet haben. Es wurde ein Protokoll über die „Demütigung zurechnungsfähiger und mündiger Nationen..."

Die Unterzeichnungsaktion dieser Kapitulation der tschechoslowakischen Führung wirft ein bezeichnendes Bild auf die Rolle, die zu jener Zeit Präsident Svoboda gespielt hat. Er unterschrieb das Protokoll als erster. Daraufhin wurde Kriegel zu ihm gebracht. „Meine Unterschrift kannst du hier sehen, jetzt unterschreibe du!" forderte Svoboda kategorisch. Kriegel – als einzig tatsächlich körperlich gefährdetes Mitglied der Dubček-Führung – hat den Text gründlich durchgelesen und seine Unterschrift entschieden verweigert: „Ich rate euch allen, nichts zu unterschreiben. Sagt doch, daß ihr diesen Text zuerst dem ZK und dem Parlament zur Billigung unterbreiten müßt." Das war der Standpunkt des Mannes, der zur damaligen Stunde nicht wußte, ob und wann, wenn überhaupt, er nach Prag wird zurückfahren dürfen. Damit handelte er sich bei jenem „Volkshelden" L. Svoboda grobe Beschimpfungen ein, mit denen er Kriegel um jeden Preis zur Unterschrift zwingen wollte. Kriegel hat trotzdem nicht klein beigegeben, Wachposten brachten ihn in seine Isolationszelle zurück, und dann unterschrieben alle anderen.

Das „Moskauer Protokoll" hatte 15 Punkte zum Inhalt. Die Hauptpunkte waren:

Punkt 2:   Der „sogenannte Parteitag der KPTsch" wurde für ungültig erklärt. Ein neuer Parteitag würde erst „nach der Normalisierung der Lage in der Partei und im Lande" einberufen werden.

Was „nach der Normalisierung" heißen sollte, wurde natürlich nicht präzisiert. Die einzige logische Auslegung war – bis daß es die Sowjets genehmigen werden. Ein interessantes Detail: Die Kommunistische Partei der Slowakei erhielt die Erlaubnis ihren Parteitag am Tage von Husáks Rückkehr aus Moskau zu eröffnen!

Punkt 4:   Die tschechoslowakische Seite hat sich verpflichtet, die Zensur erneut einzuführen, ferner „die Tätigkeit verschiedener auf antisozialistischen Positionen stehender Organisationen zu unterbinden" und „die Tätigkeit der antimarxistischen sozialdemokratischen Partei nicht zuzulassen". Es wurden aber noch schlimmere Dinge unterzeichnet: „vorübergehende Sondermaßnahmen, damit die Regierung das Machtinstrumentarium gegen antisozialistische Einzelpersonen und ganze Kollektive wieder fest in die Hand bekomme" und „kaderbedingte Maßnahmen in der Leitung der Presse, des Funks und Fernsehens".

Punkt 5:   In diesem Punkt wurde der Aufenthalt der sowjetischen Streitkräfte auf dem Staatsgebiet der Tschechoslowakei legitimiert.

Punkt 6:   Etwas unlogisch wurde darin die Verpflichtung „Maßnahmen in der Presse, im Funk und Fernsehen zu ergreifen" wiederholt, die „Konflikte ausschließen sollten, die zwischen den Truppen und der tschechoslowakischen Bevölkerung entstehen könnten". Dieser Punkt liefert den klaren Beweis, daß das Protokoll überstürzt aufgesetzt worden war. Wie sollte die Presse gewährleisten, daß ein Konflikt irgendwo vor einer Kaserne im entferntesten Dorf ausgeschlossen werden könnte?

Punkt 7: Dies war eine der belastendsten Verpflichtungen für die tschechoslowakische Führung: nicht zuzulassen, daß „jene Funktionäre und Mitarbeiter der Partei ihrer Funktionen enthoben oder gar Repressalien gegen sie angewandt würden, weil sie für die Festigung der Positionen des Sozialismus, gegen die antisozialistischen Kräfte und für freundschaftliche Beziehungen zur UdSSR gekämpft hatten". Durch diese Verpflichtung wurde die Tätigkeit derjenigen – auch die der hohen Militärs – sanktioniert, gegen die es Unterlagen und Beweise gab, für die sie in jedem zivilisierten Land der Welt wegen Hochverrats verurteilt worden wären. Statt einer Verurteilung konnten sie nun hohen Funktionen entgegensehen.

Punkt 11: Hier hat sich die tschechoslowakische Delegation verpflichtet, jegliche Behandlung der sowjetischen Aggression in der UNO zu verhindern.

Punkt 12: Die Verpflichtung, „die Tätigkeit jener Regierungsmitglieder zu beurteilen, die im Ausland im Namen der Regierung der ČSSR zu jenen Fragen Stellung genommen hatten, die die Innen- und Außenpolitik bestrafen". Sie wurde mit einem zynischen Nachsatz ergänzt: …die Vertreter des ZK der KPTsch erachten es als notwendig, weitere Kaderänderungen in Partei- und Staatsorganen und Organisationen im Interesse der allgemeinen Konsolidierung durchzuführen …"

Im Laufe der Gespräche fielen selbstverständlich konkrete Namen. So wurden der stellvertretende Premierminister O. Šik, der Außenminister Jiří Hájek und der Innenminister J. Pavel augenblicklich entfernt. Aus dem ZK-Präsidium wurde der „galizische Jude" F. Kriegel geworfen, entfernt wurden der Direktor des Fernsehens J. Pelikán und der Direktor des Rundfunks Z. Hejzlar. Die erste Säuberung wurde bereits in Moskau durchgeführt, andere wurden vorbereitet, im Winter sollte die Kampagne gegen J. Smrkovský gestartet werden, im nächsten Frühling gegen A. Dubček. Diese „Salamitaktik" hat am 26. August die

Dubček-Führung durch ihre Konzessionsbereitschaft und das Außerachtlassen der Warnungen eines einzigen Mitglieds zugelassen.

Punkt 14:   Sämtliche Kontakte zwischen der sowjetischen und der tschechoslowakischen Führung nach dem 20. August und damit auch der Inhalt dieses Protokolls wurden für „streng geheim" erklärt. Es entstand eine kuriose Situation: das „Moskauer Protokoll" sollte die Grundlage für die Normalisierung darstellen, mußte aber streng geheim bleiben[*].

Punkt 15:   Man wird wohl kaum ein Beispiel für den erschütterndsten Zynismus in der Geschichte der Menschheit finden als die Verpflichtung der tschechoslowakischen Führung, „für die Vertiefung der traditionsreichen Freundschaft zwischen beiden Ländern zu sorgen und die brüderliche Freundschaft für ewige Zeiten aufrechtzuerhalten".

Anfang Februar sagte die bekannte Prager Schauspielerin Vlasta Chramostová bei einem Meeting im Studentenheim in Strahov folgendes: „Sie verlangen Unmögliches von uns. Man kann alles gewaltsam erzwingen, nur keine Freundschafts- oder Liebesgefühle".

Die übrigen Protokollpunkte hatten nur bedeutungslose Phrasen zum Inhalt: über die Notwendigkeit der Festigung des Warschauer Pakts, über die von den militaristischen und neorevanchistischen Kräften drohende Gefahr und ähnliches Blabla...

Wir erfuhren in den Mittagsstunden des 26. August in Prag, daß am selben Tag in Moskau die Kapitulation unterzeichnet werden sollte. Es fanden fieberhafte Beratungen statt, was zu machen sei: sich der Kapitulation der Führung zu beugen oder diese in Funk und Fernsehen abzulehnen und zu erklären, daß unsere Führung kein Recht habe, sie zu unterschreiben, und zu sagen, daß der unbewaffnete Widerstand fortgesetzt werde?

Die letztere Möglichkeit war gleichbedeutend mit dem Kampf nicht nur gegen die sowjetische Okkupationsmacht, sondern jetzt auch gegen die Dubček-Führung. In Prag aber hatten die

---

[*] Das ist es aber nicht geblieben. Als ich Mitte September die Aufzeichnung mit dem Inhalt des Protokolls in die Bundesrepublik Deutschland brachte, war ich erstaunt, feststellen zu müssen, daß das Protokoll sowohl für die Journalisten als auch für die Politiker kein Geheimnis mehr war!

Menschen mit ihren bloßen Körpern die sowjetischen Panzer zum Stehen gebracht und die Namen Dubček und Svoboda auf den Lippen getragen. Konnte man sich gerade jetzt gegen diese Symbole des tschechoslowakischen Frühlings wenden? Hätte dies nicht zu einer totalen Sinnesverwirrung und zu einem kurzen hoffnungslosen und überflüssigen Blutbad führen müssen?

Bereits am nächsten Tag, als ich die Reaktion der Menschen auf die Rückkehr der Delegation aus Moskau verfolgte, stellte ich mir die Frage, ob nicht den letzten entscheidenden Fehler damals in Prag wir alle begangen haben, die wir sieben Tage lang den Widerstand gegen die sowjetische Okkupation organisierten. Wir wagten jenen letzten verzweifelten Schritt nicht, und damit haben wir die Demütigung aus Moskau durch unsere eigene Kapitulation abgerundet.

Das Protokoll wurde am Abend des 26. August unterschrieben. Vor dem Rückflug der tschechoslowakischen Delegation kam es nicht zu Debatten darüber, ob es Kriegel erlaubt sein würde, mit den anderen nach Hause zurückzukehren. In dieser Frage aber durfte weder Dubček noch die anderen klein beigeben; sie wußten, daß sie im umgekehrten Falle keine Stunde länger das Land hätten regieren können und daß sie damit sich selbst eine moralische Niederlage beigebracht hätten.

Auf dem Flughafen Wnukowo-Moskau leistete sich Breschnew noch einen zynischen geschmacklosen Witz. F. Kriegel war nirgendwo zu sehen, und auf die aufgeregten Fragen reagierte Breschnew scheinbar ernst: „Wollt ihr ihn nicht doch lieber hier lassen, ihr würdet mehr Ruhe zu Hause haben!" Kriegel saß da bereits im Flugzeug und wartete auf die anderen.

Am 27. August, kurz vor 15 Uhr, wurde das Kommuniqué über den Ausgang der „Moskauer Beratungen" verlesen, und gleich danach sprach L. Svoboda. Beides rief einen niederschmetternden Eindruck hervor. Viele Menschen mußten an die Rede von Präsident Hácha am 15. März 1939 zurückdenken. Im selben Augenblick wurde die Regierung und das ZK der KPTsch von Telegrammen und Anrufen überschwemmt. Von Versammlungen aus Fabriken und Behörden wurden entrüstete Resolutionen weitergegeben, in denen die aufgezwungene demütigende Kapitulation zur Sprache gebracht wurde. Drei Stunden später wurde Dubček mit der Aufgabe betraut, eine sich anbahnende offene Revolte zu verhindern. Er tat dies durch erneute Wiederholung der Unwahrheit, die er – leider – selbst offenbar zu glauben schien: das „Moskauer Abkommen" garantiere angeblich, daß der stufenweise Rückzug der Streitkräfte der fünf Staaten vom Gebiet unserer Republik durchgeführt werde und daß das Endziel unserer Bemühungen der komplette Rückzug dieser Truppen sei, und zwar so bald als nur irgend möglich.

Diese absurden Behauptungen haben die Menschen nicht zu beruhigen vermocht. Dubček mußte seine Rede mehrere Male unterbrechen, seine Worte wurden vom Schluchzen erstickt. Millionen von Menschen haben ihm zugehört, mit ihm geweint, und in ihre Herzen zog Mitleid mit diesem Politiker ein. Erst Monate später haben sich die Leute gefragt, ob ein Politiker, der weint, anstatt in kritischen Momenten zu handeln, nicht eigentlich ein nationales Unglück war. Nach einigen Monaten war es aber bereits zu spät, die Welt hat in der Zwischenzeit vergessen. Ein Land wurde vergewaltigt, in den anderen ging man zur Tagesordnung über.

VI.

Ein Jahr lang dauerte die Liquidation

In den letzten Augusttagen und Anfang September erlebte die Massenbewegung des tschechoslowakischen Volkes, das der Träger jenes Frühlings der unerfüllten Hoffnungen war, eine tiefe Depression, aber noch nicht die entscheidende Niederlage. Es herrschte nur einige Tage lang eine sonderbare unwirkliche Stille. Dann aber begann sich die Protestwelle erneut auszubreiten, und die Auflehnung gegen das Unrecht wurde stärker. Es aktivierten sich noch weitere Bevölkerungsschichten, in erster Linie die Arbeiterschaft. Die größte Gewerkschaftsorganisation – der Metallarbeiterverband – begann mit den Studenten zusammenzuarbeiten und mit den kulturellen Organisationen, die sich im Koordinierungsausschuß der schöpferischen und künstlerischen Verbände zusammengefunden hatten. Die Jugendorganisationen waren auch weiterhin aktiv. Eine interessante Entwicklung machten die Parteiorganisationen der Basis durch. Viele von ihnen radikalisierten sich jetzt erst und verfaßten scharfe Resolutionen, in denen die Okkupation verurteilt und eine „beschleunigte Fortsetzung des 14. Parteitages" gefordert wurde. – Allein schon diese Formulierung hatte Trotz gegen den Wortlaut des „Moskauer Protokolls" zum Inhalt. Gegen Ende des Jahres verlangten Parteiorganisationen, die bereits mehr als die Hälfte der Parteimitglieder vertraten, die Einberufung des Parteitages.

Eine weitaus regere Tätigkeit entwickelten auch die zahlenmäßig gestärkten, früher bedeutungslosen Marionettenparteien: die Tschechische Sozialistische Partei und die Tschechoslowakische Volkspartei. Die Wochenblätter dieser beiden Parteien *Zítřek* (Der Morgen), *Obroda* (Wiedergeburt) wurden neben den Organen *Literární Listy*, *Reportér* und *Politika* die wichtigsten publizistischen Organe der sich neu bildenden Widerstandsfront. Die Wiedereinführung der Zensur hatte die Tätigkeit der Massenmedien nicht zu lähmen vermocht. Die Beamten der „Presseaufsicht" waren zur damaligen Zeit die wohl bedauernswertesten

Mitarbeiter des politischen Apparats. Sie gaben auch meistens zu verstehen, daß sie wider ihre Überzeugung handelten, und ein ums andere Mal baten sie die Journalisten sogar um „Verständnis". Der Funk und das Fernsehen verhielten sich recht diszipliniert, aber einige Zeitungen fingen bereits im Oktober an, sehr offen zu schreiben.

Im Oktober fanden auch die ersten größeren Meetings und Demonstrationen statt, die im November noch zunahmen, nachdem die Blätter *Reportér* und *Politika* vorübergehend eingestellt worden waren. Am 28. Oktober demonstrierten in Prag mehrere tausend junge Leute. In den Betrieben wurden „Ausschüsse zum Schutze der Presse" gebildet, und eine Reihe von Fabriken drohten mit Streik, falls das Verbot nicht aufgehoben würde – was schließlich auch geschah. Bei manchen Meetings wurde noch schärfer gesprochen als im Frühling. Am 13. November nahm ich an dem Meeting der Prager Jugend teil, das auf der Moldauer Sophien Insel stattfand. Da las ich meinen offenen Brief an Dubček vor, in dem ich die Sowjetunion als ein imperialistisches Land und als „Feind des Sozialismus" bezeichnete. Diese Worte riefen ein stürmisches Echo hervor, ebenso wie die Charakteristik des Moskauer Diktats als „wertloser Fetzen Papier", der von sämtlichen rechtlichen und moralischen Aspekten her völlig ungültig sei.

Nicht weniger scharf wurde am 17. November auf einer großen Ausschußsitzung der mehr als tausend Prager Journalisten gesprochen. Der sowjetische Rundfunksender Moldau (Vltava), der aus dem Raum Dresden sendete, bezeichnete diese Reden als „klaren Appell zu erneuter Konterrevolution". Das Blatt der sowjetischen Streitkräfte *Zprávy* (Nachrichten) fing an, uns zu denunzieren und rief „zur endgültigen Abrechnung" auf. Die tschechischen Journalisten bezeichneten das Blatt *Zprávy* als illegales Presseerzeugnis und verlangten die strafrechtliche Verfolgung seiner Kolporteure. Die Lage spitzte sich nach der Bekanntmachung des studentischen Streiks zu, im Laufe dessen die Studenten der böhmischen und mährischen Hochschulen ihre Fakultäten besetzt und darin große politische Meetings veranstaltet hatten.

Es schien so, als habe die im Grunde verzweifelte Konzeption, auf die sich kurz nach dem August eine Reihe Organisationen und Gruppen geeinigt hatten, gewisse Erfolgschancen: wir gedachten, die sowjetische Militärmacht einfach zu ignorieren und unseren Forderungen nach demokratischen Rechten mit den gleichen Mitteln wie vor dem August Nachdruck zu verschaffen. Es glich einer Art Versteckspiel: wir mochten die sowjetischen Soldaten einfach nicht sehen. Es kam hierbei zu dramatischen und absurden Situationen: bei einer großen nur wenige hundert Meter vom Standort einer sowjetischen Einheit entfernt veranstalteten Kundgebung wurde Breschnew ganz offen kritisiert und der augenblickliche Abzug der Streitkräfte verlangt!

Wir haben aber sehr bald festgestellt, daß es für die volle Entfaltung eines derartigen politischen Kampfes ein riesengroßes Hindernis für uns gab. Dieses Hindernis war die Person A. Dubček. Dadurch daß er in seiner Funktion ausharrte, hat er viele Menschen desorientiert. Durch seine immer öfter geäußerte Kritik gegenüber den „anarchisierenden Radikalen" hat er viele Menschen von einem konsequenten Kampf abgebracht. Leute aus seiner Umgebung verbreiteten sinnlose Legenden darüber, daß Dubček „einen Plan habe", der zur Rettung der Nachjanuarpolitik führen würde, man müsse ihm helfen und „seine Position bei den Verhandlungen mit den Sowjets nicht erschweren". Es ist zwar eine paradoxe Feststellung, aber Dubček in seiner Funktion als Erster Sekretär des ZK der KPTsch war der größte Trumpf, den die sowjetische Politik bei der Verwirklichung jener „Salamitaktik" damals hatte.

Die ganze Zeit über fanden immer neue „Konsultationen" der Dubček-Führung mit dem sowjetischen Politbüro statt, das selbst bei den geringsten Fragen der tschechoslowakischen Tagespolitik das große Sagen hatte. Bereits Anfang September wurde ein sowjetischer Sonderbevollmächtigter, der stellvertretende Außenminister und Mitglied des ZK der KPdSU, Kusnezow, nach Prag entsandt. In seinen Gesprächen mit den einzelnen Politikern, Svoboda an der Spitze, drang Kusnezow auf die konsequente Erfüllung aller „Verpflichtungen aus Moskau". Mit der Methode seiner Diplomatie konnte die Welt Anfang Oktober in der westlichen Presse (zunächst im Nachrichtenmagazin *Der Spiegel*) bekannt werden, als die stenographische Aufzeichnung seines Gesprächs mit J. Smrkovský vom 11. September veröffentlicht wurde. In diesem Gespräch leistete Smrkovský als einziger der tschechoslowakischen Politiker Kusnezow Widerstand, und das trug ihm im Westen beträchtliche Sympathien ein. Die Veröffentlichung des geheimen Protokolls löste allerdings einen heftigen Angriff der Dogmatiker aus, die Smrkovský beschuldigten, er mache in der Welt für sich Reklame, sowie eine ebenso scharfe Kritik von seiten der Sowjetunion und ihrer Führung[*].

Sämtliche Verhandlungen und Beschlüsse der Parteiorgane führten zu einer ständig wachsenden Unterwerfung unter die sowjetischen Forderungen. Der Parteitag der Slowakischen Kommunistischen Partei begann am 26. August sehr vielversprechend mit einer scharfen Verurteilung der Okkupation und sogar mit der Übereinstimmung mit den Beschlüssen des Parteitages in Vysočany. Die von F. Vodsloň geleitete Delegation des ZK der KPTsch wurde stürmisch begrüßt. Es schien, als entstehe hier eine Kampfeinheit der beiden Nationen. Leider stimmte das keineswegs; nur zwei Tage später, nachdem Husák aus Moskau zurückgekehrt war, wurden (natürlich wieder einmütig) völlig gegenteilige Beschlüsse verabschiedet und abgestimmt: die Forderung, den Parteitag von Vysočany zu annullieren, die Konzentration auf die Förderalisierung der Republik auf Kosten von deren Demokratisierung.

Die Plenarsitzungen des ZK der KPTsch vom 31. August, 17. September und insbesondere die vom 14.–17. November vollendeten die stufenweise Kapitulation vor allen sowjetischen Forderungen. Es wurde beschlossen, die Anwesenheit der sowjetischen Streitkräfte in der Tschechoslowakei vertraglich zu legalisieren, und das auf unbegrenzte Zeit, wobei der Vertrag gleichzeitig unkündbar war. Im Parlament stimmten lediglich vier Abgeordnete dagegen: F. Kriegel, V. Prchlík, F. Vodsloň und die Abgeordnete Fuková. Sie alle erhielten unverzüglich von Dubček die Rüge für die „Verletzung der Parteidisziplin".

Dubček fuhr auch, meistens in Begleitung von Husák und O. Černík, immer öfter „zu Konsultationen" in die Sowjetunion. Bereits am 2. Oktober eröffnete Breschnew bei diesem Treffen einen harten Angriff, genau im Stile von Čierná a. d. Teiz: angeblich fangen die antisozialistischen Kräfte erneut zu toben an, in den Massenmedien habe sich nichts geändert, und es gibt sogar

---

[*]Heute kann ich das Geheimnis lüften und erklären, wie es zur Veröffentlichung kam. Es geschah nicht nur ohne Smrkovskýs Wissen, sondern auch irrtümlicherweise: am 20. September hinterlegte ich in der Bundesrepublik 2 Kopien des Protokolls mit der Bitte, den Text zu veröffentlichen, falls Smrkovský politisch liquidiert werden sollte. Zehn Tage später kamen alarmierende Berichte aus Prag, und mein Freund entschloß sich zur Veröffentlichung, die ich bei meiner nächsten Besuchsreise nicht mehr verhindern konnte.

weitere Führungsmitglieder, die „den antisozialistischen Kräften dienen". Ausdrücklich wurde Z. Mlynář genannt, der kurz davor Kuznezows Angebot für „eine engere Zusammenarbeit" abgelehnt und verlangt hatte, man möge eine gewisse Grenze in der Auslegung des „Moskauer Protokolls" bestimmen. Er hatte wahrscheinlich die gleiche Entwicklung wie Smrkovský durchgemacht – die nähere Bekanntschaft mit den Praktiken der sowjetischen Führung hat die meisten seiner einstigen Illusionen kuriert.

Im Laufe der Plenarsitzung mußte das Dreiergespann Dubček, Husák und Černík in der Nacht vom 15. auf den 16. November nach Warschau fliegen, wo Breschnew dem polnischen Parteitag beiwohnte. Er gab ihnen Befehle hinsichtlich der Resolution und die Order, den ehemaligen Innenminister (und gleichzeitig sowjetischen Agenten) L. Strougal durch die Mitgliedschaft im Politbüro zu „aktivieren".

Die ZK-Sitzung hat dann am 17. November das „Aktionsprogramm" praktisch liquidiert und beschlossen, den Kampf gegen „antisozialistische Kräfte" zu intensivieren. Z. Mlynář legte die Funktion des ZK-Sekretärs nieder. Seine Resignation begründete er damit, daß „für die Zeit der kommenden zwei bis drei Jahre die Arbeitsaufgaben eher von Mitarbeitern des Typs eines Dr. Husák erfüllt werden können". Bis heute ist nicht geklärt, ob es ironisch gemeint war oder ob er damit einer damals innerhalb des ZK ziemlich verbreiteten Illusion Ausdruck gab, Husák könne eventuell die Rolle eines „tschechoslowakischen Kádár" spielen.

Nach dem Novemberplenum gab es im Lande einen echten Widerstandssturm – zahlreiche Parteiorganisationen fingen an auseinanderzufallen. Die KPTsch-Führung begann den Boden unter den Füßen zu verlieren. Das Vertrauen der Menschen war dahin, das der Partei im Frühling unverdienterweise zuteil geworden war. Zur gleichen Zeit begann sich jedoch gegen Dubček auch eine dunkle „Opposition von links" herauszubilden: die reaktionärsten Kräfte des Staatssicherheitsdienstes, des Stabs der Volksmilizen und die dogmatischsten Gruppen innerhalb der KPTsch bemäntelten ihre Aktion mit dem Aushängeschild des praktisch nicht mehr bestehenden „Bundes der tschechoslowakisch-sowjetischen Freundschaft". Zu ihnen gesellten sich einige kaltgestellte Politiker – der Abgeordnete Vilém Nový, der ehemalige Minister J. Mestek, der ehemalige Direktor des Parteiverlages K. Innemann, der entlassene Direktor der ČKD-Fabrik A. Kapek und – zwei ihrer eigenen Meinung nach nicht anerkannte Intellektuelle – der Maler E. Famíra und J. Lang. Der fanatisierte Mob dieses politischen Abschaums traf sich im Karliner Restaurant „Čechie". Immer öfter konnte man Rufe hören, wie: „Smrkovský muß weg", aber auch „Den Tod für Pachman, den Tod für Kohout!"

Diese Gruppe[*] unterhielt auch enge Kontakte zum sowjetischen Blatt *Zprávy* und zum Sender Vltava. Da residierte in Dresden P. Auersberg als Sendechef, eine Zeitlang hielten sich in Dresden auch A. Indra und der damals kaltgestellte Chef des Sicherheitsdienstes Šalgovič auf. In Dresden wurden auch die Verhaftungslisten für die „Endlösung der Situation" vorbereitet.

Der KPTsch-Führung waren die Pläne jener „linken Opposition" wohl bekannt. Anfang Januar habe ich Dubček, Smrkovský und Černík eine Kopie der „geheimen Analyse der Lage" ausgehändigt, die von der Bezirksverwaltung des Staatssicherheitsdienstes ausgearbeitet worden war. Ich bekam sie von der Ehefrau eines Sicherheitsdienstlers, die von ihrem Mann geprügelt wurde und sich mit dieser Tat an ihm rächen wollte.

In der Analyse war die Rede von der Notwendigkeit, „Dubček und seine Mitarbeiter zu stürzen mit Hilfe einer Aktion der der Partei treu ergebenen Kräfte mit Unterstützung der sowjetischen Armee". Trotzdem haben weder Dubček noch die anderen irgend etwas unternommen. Im Gegenteil: sie schimpften noch öfter auf die „anarchisierenden Radikalen", obgleich sie genau wußten, daß nur die entschiedenen Okkupationsgegner bemüht sein würden gegen die Liquidierung der Dubček-Führung zu kämpfen. Damit hat sich Dubček immer deutlicher selbst den Boden unter den Füßen weggezogen und jeglichen Schutz zunichte gemacht. Seine Liquidierung war nur noch eine Frage der Zeit.

Der erste Angriff war aber gegen J. Smrkovský gerichtet. Im Dezember wurde beschlossen, ihn der Funktion als Parlamentspräsident zu entheben. Dazu wurden erneut nationalistische Parolen bemüht: Husák kam mit der Forderung, „einen der drei

---

[*] Am 27. Januar 1969 habe ich diese Gruppe in der kommunistischen Bewegung im holländischen Blatt *Het Parool* als „faschistische Unterwelt" und „Gangsterbund" bezeichnet, was die strafrechtliche Verfolgung und die Abnahme meines Reisepasses noch zur Zeit der Dubček-Regierung zur Folge hatte.

höchsten Staatsposten mit einem Slowaken zu besetzen". Er verlangte jedoch nicht die Ablösung von L. Svoboda oder O. Černík, mit dem er damals bereits immer offener gegen Dubček und Smrkovský intrigierte.

Dubček stellte sich nicht einmal in dieser Situation vor Smrkovský und ließ es zu, daß die Liquidation mit Hilfe der „Salamitaktik" fortgesetzt wurde. Aber selbst Smrkovský fand nicht genug Entschlossenheit in sich selbst. Er lehnte jegliches Angebot für Massenaktionen oder gar das für einen Generalstreik zu seiner Unterstützung ab. Er beugte sich schließlich jener ominösen „Parteidisziplin" und wagte es nicht, das Angebot anzunehmen, Gewerkschaftsvorsitzender zu werden. Mit ihm hätten die Gewerkschaften ein sehr starkes Instrument des Widerstandes gegen die sowjetische „Normalisierung" werden können.

Im Januar zeichnete sich das Ende ab. Die Menschen wurden von einer Mattigkeit ergriffen und schließlich von schleichender Angst. Politische Meetings wurden viel weniger besucht als im Herbst, immer mehr Menschen gaben die Hoffnung auf und entschlossen sich, ins Ausland zu gehen. Eine gewisse politische Aktivität hielt sich noch in einigen Fabriken und in erster Linie an den Hochschulen aufrecht. Innerhalb der KPTsch wurde ein immer klarer werdender moralischer Zerfall sichtbar: die jüngeren und aktiven Mitglieder traten haufenweise aus der Partei aus[*], noch mehr hörten einfach auf, Monatsbeiträge zu zahlen und Versammlungen zu besuchen.

So sah die Lage aus, in der sich am 16. Januar die größte Tragödie der ganzen Zeitspanne 1968–69 ereignete: auf dem Wenzelplatz verbrannte sich öffentlich der einundzwanzigjährige Philosophiestudent Jan Palach. Er hinterließ einen Brief, in dem er die Beseitigung der Zensur und das Erscheinungsverbot für das sowjetische Blatt *Zprávy* verlangte. Sollten seine Forderungen nicht erfüllt werden, würde sich, seinem Brief entsprechend, nach und nach eine ganze Gruppe junger Leute verbrennen. Diese Gruppe hat es auch tatsächlich gegeben, und es ist nur mit größter Mühe zahlreicher Personen gelungen, weitere Tragödien zu verhindern. Erst fünf Wochen später starb an derselben Stelle und auf dieselbe Weise der siebzehnjährige Mittelschüler aus M. Schönberg, Jan Zajíc, der der Palach-Gruppe jedoch nicht angehört hatte. Am Abend nach seinem Tode brachte mir eine

---

[*]Im Jahre 1969 gab es in Prag 85% KPTsch-Mitglieder über 60 Jahre!

Gruppe seiner Freunde sein Tagebuch in meine Wohnung – dies war Zajíc' letzter Wunsch gewesen. In diesem Tagebuch las ich die Worte, die eine grauenhafte Anklage an uns sind, die wir nicht mehr zu tun vermocht hatten: „Ein Toter hat nicht ausgereicht, die Menschen zum Aufwachen zu bringen. Deshalb muß auch ich sterben."

Jan Palach rang volle drei Tage mit dem Tode. Seine letzte Botschaft lautete: „Einmal kommt der Augenblick, da der Mensch einfach gezwungen ist, etwas zu tun. Gegen das Böse muß man mit allen Mitteln kämpfen." Sein Begräbnis am 25. Januar wurde zu einer mächtigen Manifestation. Es war wohl die größte ihrer Art, die Prag jemals in diesem Jahrhundert erlebt hat. Etwa eine halbe Million Menschen gingen würdevoll im Schweigemarsch durch die Prager Straßen. Kurz danach erfuhren wir, daß das Begräbnis ursprünglich zur Eröffnung jenes seit Wochen vorbereiteten Putsches mißbraucht werden sollte. Die außergewöhnliche Beteiligung an dem Begräbnis und dessen würdevoller Verlauf haben die Organisatoren jedoch gezwungen, die Aktion abzublasen.

Mit Palachs Tod begann die letzte Schlacht des tschechoslowakischen Frühlings. Eine von vornherein verlorene, aber dennoch unumgängliche Schlacht. Es ging nicht um das Verlorene, sondern um die Zukunft. Die uns noch verbleibende Zeit wollten wir zur Bloßstellung der sowjetischen Politik und des totalitären Regimes nutzen. Bei allen Meetings wurde nun die Wahrheit mit rücksichtsloser Härte verbreitet. Die Hochschulen lehnten sich auf, die Universitäten von Prag und Brünn wurden von streikenden Studenten besetzt. Auf dem Gebäude der Philosophischen Fakultät zu Prag prangte das Spruchband: „Läßt du dich vom krächzenden Raben anführen, führt er dich auf den Aashaufen – arabisches Sprichwort". Nichts konnte damals das sich breitmachende Ekelgefühl gegen die Kapitulation der führenden Repräsentanten des tschechoslowakischen Frühlings treffender charakterisieren.

Die sowjetische Führung bereitete die endgültige Liquidierung vor. Es wurde noch mal eine Pressekampagne gestartet, die der von Anfang Sommer 1968 wie ein Ei dem anderen glich. „Schmutzige Strömungen des Antisowjetismus ... die Konterrevolution hebt ihren Kopf ... die antisozialistischen Kräfte sind immer noch nicht geschlagen ..."

Die *Literarurnaja gazeta* eröffnete diese Kampagne mit einem

Artikel, der betitelt war „Wer sind die Freunde des Westens?"
Genannt wurden J. Seifert, Dichter, Pavel Kohout, der Schriftsteller, und ich. Bald darauf erwies mir die sowjetische Presse die
unverdiente Ehre, sich auf mich einzuschießen und mich beinah
noch als Oberhaupt jener „neuen Konterrevolution" hinzustel-
len. Das sowjetische Regierungsblatt *Iswestija* schrieb: „Die Par-
tie, an deren Spielverlauf sich Pachman aktiv beteiligt, gleicht
einem gefährlichen Spiel mit dem Feuer... Indem sie sich mit
aller Macht gegen die Normalisierung und Gesundung der Atmosphäre im Lande stellen, verbinden sich derartige Funktionäre
wie Pachman mit den reaktionärsten sozialismusfeindlichen
Kräften im Westen..." Bald darauf folgten zwei ganzseitige Artikel, in denen ich der Zusammenarbeit mit dem Imperialismus,
mit den Spionagezentren des Westens und sogar mit der chinesi-
schen Agentur *Sinhua* beschuldigt wurde. Wieso gerade ich in
dieses Kreuzfeuer geriet, ist mir bis heute nicht klargeworden.

Zur tatsächlichen Liquidierung bedurfte es jedoch noch einiger Zeit und in erster Linie zweier gelungener Provokationen.
Die erste wird in die Geschichte unter dem witzigen Namen
„Eishockeykrise" eingehen. Im März 1969 wurde in Stockholm
die Weltmeisterschaft im Eishockey ausgetragen. Im ersten Spiel
schlug die Tschechoslowakei die Sowjetunion mit 5:2, im Lande
brach ein Begeisterungssturm aus, noch war es aber nur sport-
liche Begeisterung. Am Freitag, dem 28. März, wurde die zweite
Begegnung ausgetragen, und die Leute haben sich – sowohl in
Prag als auch in anderen Städten – abgesprochen, im Falle eines
erneuten Sieges der tschechoslowakischen Mannschaft in den
Straßen zu feiern. Das Spiel war sehr spannend, die Tschechoslowakei gewann mit 4:3, und sofort nach dem Ende der Fernseh-
übertragung strömten Hunderttausende in die Straßen hinaus.

In den Straßen befanden sich aber bereits bestens instruierte
Einzelpersonen und geeignete „technische Anlagen". So hatten
zwei Lkws schon am Nachmittag zwei Ladungen Pflastersteine
vor das Gebäude der sowjetischen Fluggesellschaft Aeroflot auf
dem Wenzelplatz gebracht. Die Steine wurden nicht gebraucht,
es wurde ja nichts gebaut. Eine hunderttausendköpfige ordent-
liche, lustige Manifestation spielte sich in den Straßen Prags ab,
Blasmusik spielte, Feuerwerke wurden angezündet.

Agenten des Staatssicherheitsdienstes fingen aber an, besagte
Pflastersteine gegen das Aeroflotgebäude zu werfen und radikale
Parolen auszurufen: „Tötet das Russenpack!" usw. Die sich

weiterbewegenden Menschen schlossen sich sogleich mit ihren Sprüchen „Vier – Drei – Ussuriiii!" an. In Ústí nad Labem wurden einige sowjetische Fahrzeuge in Brand gesteckt, aber es ist nirgendwo zu einem bewaffneten Konflikt gekommen. In Šumperk und Jaromér demonstrierten auch tschechoslowakische Soldaten gegen die sowjetischen Soldaten.

Die tschechoslowakische Regierung entschuldigte sich sogleich und kündigte „Maßnahmen zur Sicherstellung der öffentlichen Ordnung" an. Dies aber schien den Sowjets nicht mehr ausreichend. Ohne vorherige Anmeldung landete am 31. März nachmittags Marschall Gretschko auf dem Militärflughafen in Milovice. Zunächst ließ er eine Gruppe tschechoslowakischer Offiziere antreten und stauchte diese nach Strich und Faden zusammen. Danach fuhr er nach Prag, wo er Svoboda, Dubček und Černík ein Ultimatum unterbreitete. Darin wurde behauptet, „die Lage in der Tschechoslowakei sei noch viel schlimmer als vor dem August". Für die sowjetische Führung sei nun „die Zeit der Gespräche und Verhandlungen aus und vorbei", es müssen „augenblicklich harte Maßnahmen" ergriffen werden. Sofern sich die tschechoslowakische Führung nicht stark genug dazu fühle, würde dies die sowjetische Armee für sie besorgen.

Das Präsidium des ZK einigte sich in seiner die ganze Nacht dauernden Marathonsitzung vom 2. auf 3. April auf eine ganze Reihe von Maßnahmen: Alarmbereitschaft des Staatssicherheitsdienstes, der Armee und der Volksmiliz, das Einstellen einiger Blätter (*Literární Listy, Politika, Reportér, Zítřek*), eine endgültige Zensur der Presse und eine Kontrolle der Sendungen aus dem Ausland. J. Smrkovský wurde zur Zielscheibe der Dogmatiker; es wurde klar, daß seine Tage im Präsidium gezählt waren.

Am Abend des 3. April trat Dubček im Fernsehen auf. Seine Kapitulationsansprache war gespickt mit übernommenen sowjetischen Behauptungen, „Gefahren, die von antisozialistischen und antisowjetischen Kräften drohten", wie notwendig es sei, „augenblicklich die öffentliche Ordnung wiederherzustellen und zu sichern, sonst würden wir dahin zurückgestoßen, wo wir Ende August waren".

Im ersten Moment schien es so, als würden sich die Sowjets mit diesen Maßnahmen zufriedengeben. Am 4. April aber fuhren Marschall Gretschko und der stellvertretende Außenminister der UdSSR nach Bratislava zu einem Gespräch mit Husák. Im Laufe dieses Gesprächs übte Husák offenen Verrat, und es wurde vereinbart, Dubček seiner Funktion zu entheben.

Am 11. April eröffnete Husák in seiner Rede in Neutra den Frontalangriff auf Dubček. Die bestehende Parteiführung bezeichnete er als ohnmächtig, und als Hauptschuldigen nannte er A. Dubček. Er erwähnte begreiflicherweise mit keinem Wort, daß er noch am 28. August in Bratislava Dubček den Treueid geleistet hatte mit den Worten: „Ich erkläre hiermit, daß ich in meiner Funktion mit der Person des Genossen Dubček stehen und fallen werde, ich gelobe, ihm unter allen Umständen die Treue zu halten." Es wurde Husák bei einigen Protestkundgebungen ins Gedächtnis zurückgerufen[*].

In der Tschechoslowakei wurden in jenen Tagen weitere 35 000 sowjetische Soldaten verschoben. Aus den fünf Ländern des Warschauer Pakts kamen drohende Noten nach Prag. Interessant war, daß die ungarische Note diesmal weitaus schärfer abgefaßt war als die aus Ostberlin.

Bereits am 15. April wurde in Prag bekannt, daß zwei Tage später, anläßlich der ZK-Tagung, Dubčeks Abberufung aus der Funktion stattfinden werde. Unter den ZK-Mitgliedern wurde eine Lobby tätig, die auf Husák als auf den einzigen Politiker schwor, der in der Lage sei, „das Land aus seiner Krise herauszuführen". Es sprachen sich für Husák selbst später ausgeschlossene ZK-Mitglieder aus, z.B. Milan Hübl. Husák hat sich später bei ihm dafür erkenntlich gezeigt, indem er ihn für sechs Jahre ins Gefängnis werfen ließ.

In Prag wurde eine Aktion zur Unterstützung Dubčeks vorbereitet: zweiundsiebzig Betriebe wollten am 17. April in den Streik treten und die anderen Fabriken zum Generalstreik aufrufen. Es sollten folgende Forderungen erhoben werden: das Verbleiben aller Mitglieder der Dubček-Führung in ihren Funktionen, das Weitererscheinen der eingestellten Blätter und Verhandlungen über den raschen Abzug der sowjetischen Truppen. Der Streik wurde von Dubček selbst vereitelt. Er redete auf den stellvertretenden Vorsitzenden des Metallarbeiterverbandes ein, die Gewerkschaften mögen diese Aktion fallenlassen. „Genosse Husák hat mir unter Garantie versprochen, meine Politik

---

[*]In einer großen Fabrik in Zruč nad Sázavou habe ich seine Rede für einen Verrat erklärt, die Strafverfolgung wurde gegen mich noch erweitert, aber sonderbarerweise ist dieses „Verbrechen" niemals vor Gericht gekommen!

fortzusetzen, *glaubt ihm,* und helft ihm, Ordnung im Lande zu schaffen", das waren Dubčeks Worte. Der Streik wurde eine Stunde vor dem geplanten Beginn abgeblasen. Für Dubčeks „Ausscheiden aus der Funktion" stimmten im ZK von den 182 anwesenden Mitgliedern 150, nur 22 waren dagegen. J. Smrkovský wurde fürs neue Präsidium nicht mehr wiedergewählt, lediglich 11 ZK-Mitglieder haben für ihn gestimmt. A. Dubček ist der neue Parlamentspräsident, J. Smrkovský sein Stellvertreter geworden – die politische Liquidierung der beiden ist nicht ohne Ironie verlaufen.

Im Lande machte sich Resignation und schweigender Trotz breit. Der KPTsch-Apparat machte sich emsig an die Arbeit und bemühte sich, Resolutionen der Parteiorganisationen aufzutreiben, die die Änderungen in der Führung billigen würden. Mehr als 96% aller Parteiorganisationen lehnten eine Äußerung zu diesem Thema ab, von den restlichen 4% sprach sich ein Viertel ganz offen gegen den Beschluß des ZK-Plenums aus.

Es ist aber zu keinen Massenprotesten gekommen. Wie sollte es auch? Zwei Tage vor seiner Amtsenthebung aus dem Präsidium brachte J. Smrkovský im Fernsehen eine sonderbare und überflüssige Selbstkritik: er sprach von „der Gefahr von dem Sozialismus feindlich gesinnten Kräften". Drei Tage nach seiner Amtsenthebung hat Dubček an den Feierlichkeiten zum 99. Geburtstag von Lenin teilgenommen. Der Hauptredner – L. Štrougal – behauptete bei diesem Anlaß, daß „die Partei unter Dubčeks Führung vom Sozialismus abgerückt sei". Dubček hat zu diesen Worten applaudiert und gerufen „Es lebe die Sowjetunion!"

Husák begann seine Regierungszeit mit einer Reise nach Moskau. Da erhielt er einen unmißverständlichen Befehl: das ZK zu säubern, desgleichen den Parteiapparat, Funk, Fernsehen und die Redaktionen der Zeitungen. Die erste Maßnahme: Der Generalstaatsanwalt Čeřovský wurde abberufen, an seine Stelle kam der persönliche Husák-Freund Feješ, der bereits bei den Prozessen der fünfziger Jahre aktiv gewesen war. Strenge Befehle ergingen an die Gewerkschaften. Sie mußten wieder zum „Übersetzungshebel der Partei" werden. Wenige Monate später wurden die gewählten Organe suspendiert und durch ernannte Ausschüsse ersetzt, über deren Zusammensetzung die einschlägigen Kreisausschüsse der KPTsch befanden. Am 30. Mai wurden F. Kriegel, F. Vodsloň, O. Šik, K. Kosík, General Prchlík und O. Pavlíček aus dem ZK ausgeschlossen. Auf der Versammlung der Prager

Funktionäre gab Husák diesen Beschluß mit Wortwendungen bekannt, die insbesondere beim Angriff gegen F. Kriegel jenen Šelest-Beschimpfungen in Čierná glichen. Mein enger Freund, der Journalist K. Kyncl antwortete Husák tapfer, aber ohne jede Aussicht auf Erfolg: „... es beschlich mich das Grauen, daß Dr. Husák so oberflächlich und billig die ungeheuer komplizierte und ausgesprochen deformierte Entwicklung seit dem August herabwürdigte... daß Dr. Husák jenen Großmachteingriff vom August, von dem jedes Kind weiß, daß er den Hauptgrund für die Krisensituation für dieses Land und für die Partei darstellt, mit einer kurzen Bemerkung von einem Mißverständnis abgetan hat."

Das war eigentlich der letzte tapfere Auftritt auf einem Forum eines wichtigen Parteiorgans. K. Kynzl wurde aus der KPTsch ausgeschlossen und später zu zwanzig Jahren Gefängnisstrafe verurteilt, angeblich, weil er meine „sträfliche Tätigkeit" unterstützt hatte.

Mitte Juni erwies Husák der sowjetischen Führung einen großen Dienst und konnte damit seine Position noch mehr festigen: Anläßlich der Moskauer „Konferenz der kommunistischen und Arbeiterparteien" verhinderte er jedwede Diskussion über „die tschechoslowakische Frage" dadurch, daß er „die Notwendigkeit der sowjetischen Intervention rechtfertige". Damit kam er auch den westlichen kommunistischen Parteien entgegen, die damals bereits fieberhaft nach einer Gelegenheit suchten, ihre Kritik an der sowjetischen Politik zurücknehmen zu können. Im Januar schon hatte sich die KP Italiens verpflichtet, „die Polemik zu beenden", die französischen Kommunisten trieben ihren Verrat an den tschechoslowakischen Reformkommunisten sogar noch weiter: Etienne Fajon, ein Mitglied des französischen Politbüros, übergab V. Bilak die stenographische Aufzeichnung des Gesprächs zwischen Dubček und W. Rochet vom 19. August 1968. In diesem Gespräch hatte sich Dubček über die sowjetischen Versuche, eine Intervention durchzuführen, beklagt.

Im Laufe des Juni hatte sich der Massenwiderstand im Lande praktisch gelegt. Es blieben etwa zwanzig Personen übrig, Journalisten und Schriftsteller, die bereit waren, öffentlich aufzutreten, aber es gab immer weniger Organisationen, die bereit gewesen wären, Versammlungen oder Meetings zu veranstalten. Beim letzten Meeting in Záběh bei Ostrau wurden wir am 19. Juni von sechs Hundertschaften der Polizei umstellt, eine Panzereinheit der sowjetischen Armee befand sich knappe zwei Kilometer vom Versammlungsort entfernt, und die „Volksmiliz" aus ganz Ostrau hatte Alarmbereitschaft. Als Reaktion auf diese Versammlung wurde in aller Eile das Aktiv der Parteifunktionäre nach Ostrau einberufen. In einer vom Fernsehen übertragenen Rede griff Husák nur mich persönlich an, worauf ich ihm mit einem offenen Brief antwortete, der noch in einer ganzen Reihe von Fabriken aushing. Später wurden alle seine Kolporteure wegen „Volksverhetzung" verurteilt.

Kurze Zeit darauf hat K. Kýnzl anläßlich einer Beratung unsere gelichteten Reihen angeschaut, mit dem Kopf genickt und gesagt: „Alles, was vom tschechoslowakischen Frühling noch übriggeblieben ist, scheint diese kleine Abteilung tschechoslowakischer Kamikaze zu sein."

In der ganzen Welt verstummte das Interesse für die Tschechoslowakei, in der Säuberungen und Selbstkritiken stattfanden, die Presse wieder gleichgeschaltet war, die Menschen sich nicht mehr um die Freiheit, sondern nur noch um ihre privaten Belange kümmerten. Ich habe es aber dennoch für notwendig gehalten, eine Protestaktion zu starten, die diese Grabesruhe durchbrechen sollte. Gemeinsam mit einer Gruppe, die aus zehn engen Freunden – meist Schriftstellern und Journalisten – bestand, arbeitete ich den Text des Manifests „10 Punkte" aus, in dem wir noch einmal in Form einer Petition gegen die Okkupation der Tschechoslowakei und die Vergewaltigung ihrer Nationen protestieren wollten. Dieser Text sollte zum Anlaß einer Unterschriftenaktion im ganzen Lande werden – eine Art Fortsetzung des Manifests der „2000 Worte", zu dem wir uns auch rein formell bekannten, weil auch das neue Manifest genau 2000 Worte enthielt. Die Unterschriftenaktion konnte nicht mehr stattfinden, weil mittlerweile eine offene Repression erfolgt war.

Epilog

Welche Bedeutung hatte eigentlich der tschechoslowakische Frühling 1968? Seit zehn Jahren werden im Westen Legenden darüber verbreitet: es war angeblich eine Renaissance der kommunistischen Bewegung, die eine neue humanistische, demokratische Art des Sozialismus angestrebt hatte. Es werden immer wieder angebliche Verdienste einiger Leute hervorgehoben: Alexander Dubček, Ludvík Svoboda, sie werden als die Helden jener Zeit hingestellt. Nur die sowjetischen Panzer und „der Verrat des Westens" habe sie an der Verwirklichung jener einst proklamierten „idealen Ziele der marxistischen Bewegung" gehindert.

Die Wahrheit über das Jahr 1968 wird heute noch mit Schleiern aus Legenden künstlich verhüllt, weil diese Wahrheit für jeden, der sich nach so vielen historischen Erfahrungen immer noch – wenn auch mit gewissen Vorbehalten – zum Marxismus und zur kommunistischen Bewegung bekennt, äußerst hart ist. Im Jahre 1968 erhielt gerade diese Bewegung ohne eigenes Verdienst eine historische Chance, nach all jenen schweren Verbrechen in der Geschichte, dennoch eine positive Rolle bei der Erneuerung der Normen einer zivilisierten europäischen Gesellschaft zu spielen. Viele Menschen – vielleicht sogar die Mehrzahl des tschechoslowakischen Volkes – war noch einmal bereit, Vertrauen zu schenken. Nach allen unsagbar bitteren Erfahrungen mit Gottwald und Slánský, Zápotocký und Novotný schienen die Leute um Alexander Dubček eine Art Wunderbefreiung darzustellen. Zwanzig Jahre Unterdrückung lehrte alle eine fast übertriebene Bescheidenheit. Die Mehrheit wäre mit der Herrschaft einer Partei ohne Hinrichtungen und Kerker zufrieden gewesen, hätte man ihr die Möglichkeit gegeben, politische Shows im Stil eines Londoner Hydeparks zu veranstalten, die Regierung, einschließlich einer Reihe äußerst bloßgestellter Politiker, hätte ihre Funktion behalten und somit an ihren revolutionären Pfründen festhalten können.

Diese unverdiente und gleichwohl unwiderruflich letzte Chance hat die kommunistische Bewegung auf eine nahezu groteske Art vergeben. Jene angeblich „führende Kraft" vermochte niemanden zu führen, jene vielgerühmte „Avantgarde" hinkte hoffnungslos hinter den stürmischen Umwälzungen im Lande und in der Gesinnung der Menschen her. Anstatt die kreative Entfaltung zu fördern, blieben die Parteiorgane bei ihrem stumpfsinnigen Hordentum, ihre Mitglieder waren auch zu jener Zeit bereit, alles, was ihnen von oben unterschoben wurde, zu billigen. Für sie hat sich im Prinzip lediglich die Führerperson geändert, man mußte also dem Neuen gehorchen und nach ihm – nach dem 17. April 1969 – ebenso treu dem Nächsten ergeben sein.

Dieselben ZK-Mitglieder waren in ihrer überwiegenden Mehrheit auch damals bereit, für alles und jeden zu stimmen: Im September 1967 für die Bestrafung der rebellierenden Schriftsteller, im Januar 1968 gegen Novotný und für Dubček, im April 1968 für das „Aktionsprogramm", im Mai für dessen Drosselung, im September für die Legalisierung der Okkupation der Tschechoslowakei, im November für die Annullierung des „Aktionsprogramms", im April für die Absetzung Dubčeks und die Installation Husáks, im September für die Persekution Tausender von Menschen.

Es waren nur einige wenige, die sich zur damaligen Zeit in der kommunistischen Bewegung bewährt hatten. Ich schätze die Freundschaft von F. Kriegel, F. Vodsloň und einiger anderer, die die wirklichen Ideale der damaligen Zeit nicht verraten haben und sich auch heute in einer äußerst schwierigen Lage immer noch dafür einsetzen.

Anderseits finden wir aber unter den „Männern des Januar" eine zahlenmäßig starke Verrätergruppe und zahlreiche zynische Opportunisten. Ludvík Svoboda ist ein typisches Beispiel für einen „echten Kommunisten": während des Krieges Agent des NKWD, Befehlshaber des Armeeverbandes, der weniger durch seine Frontleistungen als durch seine Grausamkeit gegen Zivilisten nach dem Kriege berüchtigt wurde. Svoboda hatte Präsident Beneš rücksichtslos verraten, und nachdem er, dank Dubček und seiner Gruppe, die höchste Staatsfunktion bekleiden durfte, verriet er auch diese Freunde und wurde ein gehorsames Instrument der sowjetischen Politik. Er wird wohl lediglich aus biologischen Gründen nicht auch noch zum drittenmal in seinem Leben Verrat üben können – und dennoch sind nach wie vor unerhörte Legenden über ihn im Umlauf, er habe als Held mit dem Einsatz seines eigenen Lebens die anderen gerettet.

Gustav Husák ist ein anderes abschreckendes Beispiel für die „kommunistische Moral": während des Krieges kollaborierte er zunächst mit den Faschisten, später, als die Front näherrückte, wurde er ein prosowjetischer Radikaler: im Jahre 1944 bemühte er sich, die Eingliederung der Slowakei zur Sowjetunion durchzusetzen. Im Frühling 1968 hielt er kämpferische Reden für die Renaissance, am 28. August schwor er noch Dubček in Bratislava die Treue, um ihn bei der ersten ihn zur eigenen Macht führenden Gelegenheit zu verraten.

Neben diesen beiden Gruppen hoher kommunistischer Funktionäre, außer denen, die ihre Irrtümer einsahen und bemüht sind, sie gutzumachen, und außer den offenen Verrätern finden wir unter den „Januar-Männern" noch eine dritte Gruppe: integre, ehrenhafte Männer und Frauen, allerdings völlig unfähig, zu einer wirklichen Erkenntnis zu gelangen. Menschen, die nicht über ihren Schatten springen und ihre sinnlosen Vorstellungen und Illusionen nicht aufgeben können, die von der reaktionärsten aller Ideologien unserer Epoche hervorgerufen werden: das größte Verbrechen des Marxismus ist nicht der Archipel Gulag, sondern seine unglaubliche Fähigkeit, die menschliche Seele total zu verstümmeln.

Alexander Dubček ist zum Symbol des tschechoslowakischen Frühlings geworden. Das Leben in einer totalitären Diktatur führt die Menschen gewöhnlich dazu, alles, was im Lande vor sich geht, mit der Person des politischen Führers zu identifizieren. Der Nationalsozialismus stand und fiel mit der Person von Adolf Hitler, in der Tschechoslowakei kreideten die Menschen seit Ende der fünfziger Jahre alle widerlichen Züge des Totalitarismus der Person von Antonín Novotný an, obwohl gerade er unter den kommunistischen Politikern der eher Zurückhaltende war und die absolut brutalen Unterdrückungsmethoden gemieden hat. Ebenso haben die meisten Menschen in der Tschechoslowakei alles Positive, was sich nach dem Januar 1968 ereignet hat, mit der Person des neuen Ersten Sekretärs in Verbindung gebracht. Der Name Dubček ist zum Symbol der Hoffnung, der ersehnten Freiheit, die bereits zum Greifen nahe schien, geworden.

Obgleich Dubček kein Verdienst um das Entstehen des tschechoslowakischen Frühlings hatte, wurde ihm die einmalige historische Chance zuteil, zu einer der größten Persönlichkeiten dieses Jahrhunderts zu werden. Er vergab seine persönliche Chance gemeinsam mit jener Partei, der er sein ganzes Leben geweiht hatte und von der er sich heute noch innerlich nicht zu trennen vermag. Das Phänomen Dubček läßt sich in politischen Kategorien überhaupt nicht erklären, man kann es lediglich als psychologisches Problem betrachten. Die Mehrzahl des Volkes sehnte sich damals nach einem demokratischen System, nach politischem Pluralismus, beides waren für Dubček völlig unvorstellbare Kategorien. Es schien jedoch, daß er mit seinen aufrichtigen Augen auf Millionen von Menschen suggestiv zu wirken vermochte. Er, ein Kommunist mit Leib und Seele, der Erste Sekretär der mit schweren Verbrechern befleckten Partei, ein in der Sowjetunion erzogener Funktionär, wurde für das slowakische und tschechische Volk durch eine unbegreifliche Gemütsbewegung zum Symbol der entstehenden Freiheit. Er ist sogar zur integrierenden Persönlichkeit geworden, hinter der Menschen mit den unterschiedlichsten politischen Überzeugungen standen.

In keinem einzigen Augenblick verstand es Dubček, in dieser einmaligen Volkseinheit Kraft zu suchen und ein echter Volksführer zu werden. Er führte niemanden, er ließ sich von den Ereignissen ohnmächtig treiben, zunächst glaubte er an die offensichtliche Gefahr nicht und kapitulierte schließlich ehrlos. Dieser rein persönlich gute Mensch gehört zu jenen zwar charaktervollen, aber unfähigen Politikern, die in der Geschichte immer wieder mehr Schaden verursachten als ausgemachte Schurken.

Sind diese Worte der Verurteilung etwa zu hart? Ich habe sehr lange gezögert, ehe ich sie aussprach, es handelt sich schließlich um einen in schweren Bedingungen lebenden und unter stetiger Bewachung einer schmutzigen Meute der Sicherheitsdienstleute stehenden Menschen. Ich erachte es jedoch für notwendig, diese Worte auszusprechen, weil die historische Wahrheit immerhin wichtiger ist als eine persönliche oder taktische Rücksichtnahme. Ich hätte es auch nicht gewagt, diese Meinung jetzt offen zum Ausdruck zu bringen, hätte ich dies nicht bereits in der Tschechoslowakei getan, zu einer Zeit, als Dubček noch an der Macht war. Ich kritisierte ihn in einem offenen Brief Mitte Oktober 1968, und viele Leute sagten mir damals, meine Kritik sei vielleicht doch etwas zu hart. Kaum ein halbes Jahr später gaben mir alle schon recht, zu dem Zeitpunkt nämlich, als Dubček völlig kampflos sämtliche Positionen geräumt hatte und über uns allen der Schatten der Gefängnisse zu schweben begann.

In jener „Stunde der Wahrheit" nach dem 21. August 1968 haben allerdings auch wir alle in dieser Richtung versagt, die wir bemüht waren, den Widerstand gegen diese Okkupation zu organisieren.

Was hat also der tschechoslowakische Frühling dieser und den künftigen Generationen eigentlich hinterlassen? Im Dezember 1972, nachdem ich die Tschechoslowakei verlassen hatte, wurde mir diese Frage im *Spiegel*-Gespräch gestellt. „Schöne Erinnerungen und bittere Erfahrungen – nicht nur für unser Land, sondern auch für die übrigen Länder", lautete damals meine Antwort.

Welche Art Erfahrungen hatte ich damals im Sinn gehabt? In erster Linie die Erkenntnis, daß Verzicht auf Notwehr gleichbedeutend ist mit dem Verzicht auf Freiheit. Wir müssen die Gewalt unter allen Umständen ablehnen als ein illegitimes Mittel bei den Bemühungen, eine Änderung der Verhältnisse zu erlangen, als einen falschen Weg zum angeblichen Fortschritt. Notwehr bedeutet jedoch nicht Gewalt, sondern das legitime Recht jedes einzelnen und eines ganzen Volkes – und ist zugleich auch die Pflicht jeder freien Nation. Die Dubček-Führung, die das tschechische und slowakische Volk – wissentlich oder infolge falscher Illusionen – dieses natürlichen Menschenrechts beraubt hatte, trägt vor der Geschichte eine in diesem Sinne schwere Verantwortung.

Die zweite historische und überaus wichtige Erfahrung aus dem Jahre 1968 ist die Feststellung, daß der Marxismus und die kommunistische Bewegung selbst mit der Parole eines „demokratischen Sozialismus" keine positive Alternative zum gegenwärtigen Totalitarismus bieten. Die Marxisten aller Couleur waren in der Tschechoslowakei absolut unfähig, auch nur die einfachste politische Wahrheit zu begreifen, daß nämlich einzig und allein der politische Pluralismus, eine durch nichts eingeengte demokratische Entschlußkraft (das heißt nicht einmal in den Möglichkeiten eingeengt, neue Lösungen für die sozial-ökonomische Sphäre zu suchen), individuelle Freiheit und Menschenrechte zu sichern vermag. Selbst die „progressivsten Gruppen" innerhalb der KPTsch waren nicht bereit, die Existenz oppositioneller Parteien zuzulassen, und vor allem waren sie nicht bereit, die Richtigkeit der sozial-ökonomischen Struktur anzuzweifeln, die sich auf die „Vergesellschaftung der Produktionsmittel" und die zentralistisch gelenkte Wirtschaftssphäre stützt.

Wir haben damals versäumt, die Möglichkeit zu nutzen – teilweise aus taktischen Gründen, aber auch deshalb, weil es wohl für jeden Menschen sehr schwer ist, alle Irrtümer und Illusionen seiner Jugend aufzugeben –, den Menschen in der Tschechoslowakei zu erklären, daß die Kategorien Demokratie und Sozialismus einander gegenseitig ausschließen, daß es gar keinen „demokratischen Sozialismus" geben kann, daß dieser Begriff an sich Manipulation und Betrug darstellt, falls wir unter dem Begriff Sozialismus das verstehen, was ihm einen etwas genauer definierbaren Sinn verleiht: Beseitigung oder äußerste Einschränkung des Privatbesitzes an Produktionsmitteln und eine zentral gelenkte Wirtschaft.

Eine „demokratisch-sozialistischer" Staat würde sich in einer permanent schizophrenen Lage befinden: dieselben Institutionen müßten die Tätigkeit der kollektivistischen Wirtschaft sichern und auf der anderen Seite ein im besten Sinne individualistisches System garantieren. (Eigentlich benutze ich diesen Begriff nur ungern, er könnte falsch verstanden werden, aber die Menschenrechte sind schließlich immer die Rechte lebender individueller Menschen und nicht etwa die abstrakter kollektivistischer Wesen. Freiheit bedeutet immer, Einzelpersonen die Möglichkeit zu geben, sich für die Verhaltensalternativen zu entscheiden.) Nicht einmal in der kühnsten Theorie wäre jemand in der Lage, Institutionen zu entwerfen, die es schaffen könnten, im „demokratischen Sozialismus" zwei so grundverschiedene Aufgaben zufriedenstellend zu lösen.

Karl Marx hat in allen seinen Erwägungen einen schicksalsschweren Fehler begangen, er rechnete in seiner Konzeption mit absolut hypothetischen Menschenwesen, die immer die gleichen Interessen haben – falls sie natürlich der gleichen Klasse angehören, in der gleichen Weise handeln, ja sogar denken. Mit derart kollektivistischen Lebewesen wäre der Sozialismus eine wahrhaft ideale Lösung aller sozialen Probleme. Der Marxismus ist eine vorzügliche Theorie – leider aber nur für Ameisen und nicht für Menschen. Die Menschen sind anders beschaffen, jeder Mensch hat andere Interessen – oft leider negative, egoistische –, jeder hat eine andere Vorstellung davon, was zu seinem Glück gehört, wie die gesellschaftlichen Bedingungen, in denen er gerne leben möchte, aussehen sollen.

Eine ganze Reihe konkreter Erfahrungen (z. B. auf dem Gebiet der wirtschaftlichen Lenkung und der ökonomischen Kontrolle) liefern den eindeutigen Beweis, daß die kollektivistische Konzeption des Marxismus mit lebendigen, individuell handelnden Menschen ganz und gar zum Scheitern verurteilt ist. Somit steht also die kommunistische Bewegung nach der Machtübernahme immer wieder vor einem unlösbaren Dilemma: sie verfügt über eine wundervolle Konzeption, die alle Menschen der Welt glücklich machen soll, aber die Menschen verhalten sich urplötzlich anders, als es Marx von ihnen erwartet hatte. In dieser Situation gibt es nur zwei theoretisch vertretbare Lösungen: Entweder müßte die kommunistische Bewegung ihre gesamte Konzeption verwerfen – was sie jedoch nirgendwo machen wird, weil dies ihre freiwillige Selbstauflösung zur Folge haben würde. – Oder aber – und das ist der Weg, für den sich die Bewegung immer und überall erneut entschließt – man muß die Menschen mit Gewalt zwingen, genau das zu tun, was Marx von ihnen erwartet hat. Die Tragödie der kommunistischen Bewegung ist also nicht dem Versagen der einzelnen politischen Führer zuzuschreiben, sondern der Unmöglichkeit, die marxistische Konzeption ohne Gewaltanwendung zu verwirklichen.

So gesehen, sind Debatten zur Frage: „Ist Herr Berlinguer aufrichtig, ein guter Mensch oder aber ein Betrüger?" vollkommen sinnlos. Ich habe keinen Grund, die persönlichen Eigenschaften und den Charakter des Herrn Berlinguer anzuzweifeln. Ich zweifle aber auch keine Sekunde lang daran, daß er als Parteichef einer regierenden kommunistischen Partei andere Methoden als Breschnew anwenden würde. Er würde sich zum selben gewalttätigen Diktator entwickeln – außer man würde ihn im Laufe der ersten Säuberungen als Revisionisten entlarven und eventuell hinrichten. Millionen von Menschen in der Tschechoslowakei haben die nackte Wahrheit bereits entdeckt. Alle sind für Europa und gegen den Kommunismus, und mag man ihn durch eine beliebige verbale Ergänzung „erneuern". Die künftige Massenbewegung für Freiheit wird sich von allen Illusionen freimachen können, die den tschechoslowakischen Frühling dermaßen belastet und schließlich seinen Fall herbeigeführt haben.

Eines müssen wir uns einprägen, und zwar die wichtigste und wohl auch bitterste Erfahrung jener Zeit: die Hoffnungen auf ein besseres Leben haben 1968 unsere eigenen Fehler, unser eigenes Versagen zu Grabe getragen. Es hat uns die einigende Konzeption gefehlt und in erster Linie die Bereitschaft, für alles, was wir angestrebt haben, geradezustehen. Zu großen geschichtlichen Umwälzungen gehört die Treue zu den Idealen, Opferbereitschaft, Ausdauer und, falls nötig, auch Härte.

Blieben denn nur bittere Erfahrungen aus jener begeisterten Zeitspanne übrig? Ich glaube, daß ich in jenem Gespräch 1972, im Gegensatz zu meiner Mentalität, viel zu pessimistisch war. Wir sind nicht immer in der Lage, sofort zu begreifen, wie tief die Gesetzmäßigkeiten der menschlichen Geschichte sind, und es wäre töricht, den Sinn der Geschichte anzuzweifeln. Epochen geschichtlicher Prüfungen, Niederlagen, nationaler Tragödien pflegen in der Regel auch gleichzeitig die Epoche tiefster Nachdenklichkeit über die grundlegenden Fragen der Existenz einzelner Menschen sowie ganzer Nationen zu sein.

Die tschechoslowakische Bevölkerung hat sich diese Frage gestellt, nicht im Laufe des tschechoslowakischen Frühlings, sondern erst nach dem August 1968. Und es hat auch die richtige Antwort gefunden: Der Marxismus wurde von einer Ideologie zu einer aufgezwungenen Staatsdoktrin, zu einem äußerst unbeliebten Unterrichtsfach degradiert. Mit Ausnahme einiger Einzelpersonen sind die heutigen tschechoslowakischen Marxisten zynische Pragmatiker, die zwar in der Öffentlichkeit die Lehrsätze jener „wissenschaftlichen Weltanschauung" wiederkauen, insgeheim aber darüber lachen. In Ihrem Inneren sind diese heuchlerischen „Anhänger" des Marxismus dessen erbittertste Feinde. Ihr Bekenntnis zum Marxismus halten sie für eine aufgezwungene Verstellung, und sie revanchieren sich dafür mit einem um so tieferen Haß. Wünschen wir uns bloß nicht, daß sich für diesen Haß einst die Schleusen öffnen. Es würde ein viel zu brutaler Sturz der Ideologie und der Bewegung folgen, die so große Worte über Fortschritt und künftiges Glück für die Menschheit macht!

Die Ereignisse von 1968 haben klar bewiesen, daß die totalitäre kommunistische Diktatur, trotz der riesigen Macht ihres Unterdrückungsapparates, unfähig ist, sich der Kraft der Wahrheit zu stellen. Einige Tage der vorübergehenden Schwächung der Machtstruktur, eine Verunsicherung des bürokratischen Apparates haben ausgereicht, und die sich unaufhaltsam verbreitende Wahrheit hat die Diktatur derart stark erschüttert, daß sie einzig und allein mit Hilfe von sowjetischen Panzern zeitweilig wieder funktionsfähig wurde.

In Zukunft werden nicht einmal mehr die sowjetischen Panzer ausreichen. Die gewaltlose moralische Revolution ist heute in der Tschechoslowakei und in ganz Osteuropa bereits Wirklichkeit – vor zwei, drei Jahren wäre ein entsprechender Hinweis darauf noch als illusionistische Phantasie bezeichnet worden[*].

Die Grundlage für die Konzeption eines demokratischen Kampfes in Osteuropa schlägt sich im Kampf für Menschenrechte nieder, der immer mehr von den christlichen Prinzipien geprägt wird. Im ideellen Vakuum, das infolge des totalen Versagens der marxistischen Ideologie entstanden ist, erhält das Christentum eine enorme historische Chance, auch in der gesellschaftlichen Sphäre seine Aufgabe zu erfüllen, nämlich die grundlegende, integrierende Kraft in ganz Europa zu werden.

Die Renaissance des christlichen Glaubens, die wachsende Wahrheitserkenntnis, die zweitausend Jahre alt ist, stellt das hoffnungsvollste Element der gegenwärtigen Lage im Ostblock dar. Es ist auch eine Garantie dafür, daß die einst wiedergeborene Freiheit in jenen Ländern neuen positiven Inhalt bekommt.

So also entwickelt sich die Lage der Tschechoslowakei und des gesamten Ostens zehn Jahre nach der militärischen Gewaltanwendung der Warschauer „Fünf" trotz der gegenwärtigen Machtverhältnisse immer mehr zu ungunsten der totalitären Ideologie und der von ihr gesteuerten politischen Bewegung. Ein neuer Frühling wird irgendwo östlich von uns mit unerschütterlicher historischer Gesetzmäßigkeit in absehbarer Zukunft kommen.

Frühmorgens jedoch pflegt mich manches Mal eine bedrückende und eigentlich absurde Vorstellung zu überfallen: daß ich eines Tages in jenem neuen herrlichen Frühling in meine erste Heimat zurückkehren könnte und dort als Greis Solidaritätsaktionen für demokratische Dissidenten in Italien, Frankreich oder gar in der Bundesrepublik Deutschland organisieren müßte. Die Degeneration und die sich immer mehr vergrößernde Isolierung der kommunistischen Machtstruktur im östlichen Teil unseres Kontinents wird nämlich von einer betonten Offensive der marxistischen Kräfte in dessen westlichem Teil begleitet.

---

[*] Siehe L. Pachman, Laßt die Hoffnung nicht sterben (Herderbücherei Bd. 549, 1976).

Ist meine Vorstellung unsinnig? Diese scheinbare Absurdität könnte nur zu leicht zu einer reellen Gefahr werden, würden wir auch weiterhin in der Überzeugung vor uns hindösen, daß nichts weiter los ist und eigentlich nichts geschehen könnte, würden wir uns auch künftighin nur um unsere Autos und Bankkonten kümmern und die Freiheit für eine angenehme Selbstverständlichkeit halten.

Zahlreiche Völker konnten sich bereits davon überzeugen, daß jene großen Werte wie Menschenwürde und Menschenrechte für jeden von uns in keiner Weise selbstverständlich sind und wir beides sehr schnell verlieren können, sofern wir sie nicht tagtäglich anstreben, sie nicht hart verteidigen und zu ihrer Weiterverbreitung zu verhelfen trachten.

Zwei Erkenntnisse sollten jetzt und in Zukunft immer unser Verhalten bestimmen: Unser Kontinent wird nicht in alle Ewigkeit geteilt bleiben, der Weg zu seiner Vereinigung ist eine historische Notwendigkeit und für die Zukunft die einzige Alternative zu einer vernichtenden Konfrontation.

Gleichzeitig und in erster Linie aber geht es um den Inhalt dieser künftigen Einheit: eine Einheit im totalitären Sozialismus oder aber eine Einheit der freien Gesellschaft, das ist die Alternative des heutigen historischen Kreuzweges. Zu Ende gedacht, ist dies eine erschütternd klare und einfache Alternative: ein Europa der Zukunft wird entweder christlich und frei sein, oder es wird ein Europa ohne Glauben – und dann aber auch ohne Freiheit geben.

Die Wahl haben wir alle zu treffen. Je mehr ich den christlichen Glauben kennenlerne, um so mehr bin ich davon überzeugt, daß die biblische Apokalypse keine Prophezeiung dessen ist, was eintreten muß, sondern eine fürchterliche Warnung davor, was eintreten kann, wenn...